コロナ禍で考えた「継承」

―デジタル化？ デジタルか？―

巽　昌子 編著

雄山閣

本書を擱筆した二〇二三年一月一〇日、日本はCOVID-19感染拡大の第八波の最中にあり、一方ウクライナでは、ロシアによる侵攻が長期に亙る様相を呈している。

先が見通せず、分断の生じやすい時代にあってこそ、一人一人が「問いを持ち、考え続ける」ことの重みを感じざるを得ない。

一日も早くコロナ禍が収束し、ウクライナに平和が訪れることを心より願う。

◆目次◆

序

巽　昌子

新型コロナウイルス感染症（ＣＯＶＩＤ－19）のパンデミックは、私たちの日常に多大な影響を及ぼした。未知なる感染症の脅威を前にソーシャルディスタンスが求められ、「当たり前」の生活が揺るがされる事態は、後世から歴史上の一大事件に位置付けられるだろう。行動制限によって社会経済や文化的活動が蒙った損失は計り知れず、社会全体で「不要不急」の活動の意義が問いなおされた。

そうした状況にあって、学問の世界でも各分野の在り方、存在意義が否応なく再考されることになった。例えば自然科学のうち、新型コロナウイルスそのものの解明や、感染対策・治療法を追究する学問は、現状を直接的に解決するものとして脚光を集めている。一方で、一見すると感染症とは無関係に思える人文科学の分野においても、現在進行形で目まぐるしく展開していく社会情勢をいかに見通していくか、様々な探究がなされている。人文科学は「不要不急」と位置付けられやすい学問分野だが、そもそも何を以て「不要不急」とみなすのか、その是非を論ずること自体が人文科学の領域といえるだろう。加えて、パンデミックという特殊な状況に置かれた人間の行動や心理的状況、そうした社会における自己と他者との関係性など、現代社会の事象について、間接的に捉えようとする挑戦が各所でなされた。例えば筆者の専門である歴史学は、史料を基に過去の出来事を詳らかにする学問であるが、そこで判明した事柄を、現代社会の事例と比較することもまた重要な役割といえる。そのため様々な時代・地域で過去に起こったパンデミックや、感染症に伴う差別などの事例を振り返って今日の状況と比較する研究が、令和二年（二〇二〇）以降相次いでなされてきた(1)。

そうした学界の動向を受けた試みのひとつとして、「継承」の比較史研究会が令和三年三月二八日に開催したものが、「コロナ禍で考える「継承」～デジタル化？デジタルか？～」シンポジウムである。「継承」の比較史研究会とは、社会的に皇位継承への関心が高まった平成三一年（二〇一九）、社会・集団ごとに様々な「継承」の在り方がみられることに着目して発足した研究会である(2)。歴史学、文学、博物館学など、専門を異にする研究者が広く集い、「継承」を共通テーマとして、学問領域を横断した研究に継続的に取り組んでいる。なお、研究会の名称にて「継承」の語に「」を付している理由は、本研究会の目的が継承という行為自体に焦点を当て、継承とは何か、その本質を探ることにあるためである。様々な専門分野の研究者が集うため、何を以て「継承」と呼ぶのか、研究対象もそれぞれ異なることが推察される。様々なかたち、状況下の「継承」を扱う中で、「継承」の語は辞書通りの意味に限定し得るのか、いかなる行為・範囲まで内包し得ることばなのかという疑義も生じてくるであろう。そうした課題を提起し、継承の本質を追究するとの意味から、「継承」という表現を用いることとした。

続いて、「継承」とともに共通テーマとして掲げた「デジタル化」は、新型コロナウイルス感染症への対策として非対面・非接触が求められる中で脚光を浴びたものである。日本社会において行政や経済システムのデジタル化を進めようとする動きは、新型コロナウイルスの感染拡大前から起こっていたが、日常生活への浸透という意味では、諸外国に比してその速度は緩やかなものであった。しかし新型コロナウイルス感染症のパンデミックをきっかけに、行政では「デジタル社会形成基本法(3)」の施行、デジタル庁およびデジタル臨時行政調査会の設置がなされ、経済システムでも電子決済が幅広い年代に広がりつつある。こうしてデジタル化が社会的に急激な拡張をみせる中、学術面でもデジタル化の影響が色濃く現れ始めた。人文科学の諸分野も例外ではなく、博物館学では、コロナ禍での博物館の閉館に伴うデジタルミュージアムの取り組みが相次いで報告されている。また、人文科学と情報学との融合分野であるデジタル・ヒューマニティーズ（Digital Humanities、人文情報学）の活動も広がりつつある。そして日本史学においても史料のデジタルアーカイブ化やその公表、くずし字の解読といった情報面・技術面の課題を中心にデジタル化の研究が行われている。しかしその一方で、文化の「継承」とデジタル化との関係性に焦点を当てた考察は充分になされているとはいえない状況にある。

　そうした社会的背景と学界の動向を受け、先のシンポジウムでは、コロナ禍における文化の「継承」とデジタル化とをテーマに据えることにした。そして両者の関係性が多面性を有するものであることを鑑み、日本史学・ロシア史学・博物館学の研究者による、学際的な検討を試みた。具体的には、巽昌子が「ハンコ社会」に対するデジタル化の「影響」、鈴木佑梨氏がロシアの史資料保存におけるデジタル化の「現状」、奥田環氏が博物館のデジタル化の「進展」に関する報告を行った。これらの報告と全体討議とを通して、コロナ禍における「継承」をデジタル化の観点から捉え、現代社会が直面する課題に対して歴史学や博物館学が果たし得る役割の一端を探った。

　このような趣旨の下に開催されたシンポジウムだが、コロナ禍とデジタル化はともに、時々刻々と様相を変えるものである。そこでシンポジウム後も社会情勢を視野に入れた研究会を重ね、ウィズコロナでの社会経済活動の可能性を試行する今日の段階を以て、研究成果を書籍として公表することとした。本書の第一章・第二章・第三章はシンポジウムの際の研究報告と討論とを礎としながら、その後の研究会等にて蓄積された研究成果も踏まえてまとめたものである。また補論とコラムは、「継承」やデジタル化に関する考察を一層深めるべく、研究会にて取り上げた内容の一部である。そして成果の公表にあたっては、当該分野の研究者のみならず、歴史学、博物館学に関心のあるすべての方々に本書をお手に取っていただき、各学問の方向性を広く知っていただくことも目的としている。なお執筆者の専門分野が多岐に亙るため、年号や註などの各種表記法は、分野ごとの慣例によるものとした。そのため本書全体での統一はなされていないことを、あらかじめお断りしておく。

では各論考の概要を、執筆者の専門と併せて掲載順に紹介する。

第一章　コロナ禍で見つめなおす「ハンコ社会」
――ハンコと花押の歴史に着目して――

（巽　昌子）

日本中世史を専門とする筆者が専門外の時代にも視野を広げ、古代から現代に至るまでの日本のハンコと花押の歴史を概観し、コロナ禍で問題となった「ハンコ社会」の成立過程を明らかにする。その上で、「デジタル化」が「ハンコ社会」にいかなる影響を与えるのか、ハンコと花押の歴史を振り返りながら検討を加える。ハンコ文化が「継承」されてきた歴史的背景を踏まえながら、昨今のデジタル化推進に伴う「脱ハンコ」が日本社会に問いかけるものはなにか、受容性や利便性、社会的通念との狭間で私たちが見定めるべき選択肢にはいかなるものが想定されるのか、といった課題の考察を試みる。

〈補　論〉現代と中世の儀式に見る「継承」への努力
――入学式・卒業式・元日節会――

（大薮　海）

令和二年、感染拡大防止を目的に、伝統行事や各種イベントが中止に追い込まれ、さらには通常の教育活動の維持までもが困難な状況に陥った。筆者は大学教員という立場から、まず自身にとって身近な行事である入学式・卒業式を題材に、コロナ禍における行事の現状を示す。次に専門とする日本中世、特に室町時代における元日節会という儀式の事例を取り上げ、応仁・文明の乱によって中断された儀式を「継承」しようとする動きを詳らかにする。その様相を、コロナ禍で様々な行事を再開させようとする今日の状況と照らし合わせながら、文化の「継承」に向けて模索する人びとの姿を捉える。

〈コラム〉　昔　話
——ワープロ・パソコン・データベース——
（安田　次郎）

長年日本中世史の研究に携わってきた筆者が、自身の研究生活を振り返り、日本史学の研究活動の中に徐々に浸透していった「デジタル化」の様相を紹介する。ワープロやパソコンなどの電子機器は、当初限られた人びとしか所有できず、使用する技術も一般的なものではなかったが、それらが今日では日常生活に浸透している。また各種データベースの登場は、日本史の研究活動の幅を広げつつある。こうした現象は、現代社会が「デジタル化」の過渡期であることを認識させるものといえるだろう。(4)

第二章　コロナ禍のロシアの図書館、文書館
——デジタル化の成果と新たな課題——
（鈴木　佑梨）

筆者はロシア近世史を専門としており、研究のために令和三年九月までモスクワに滞在し、コロナ禍によるロックダウンに直面した。研究を含む社会活動が大幅に制限される中で、現地の図書館や文書館がいかなる状況にあったのかに関して、デジタル化を手がかりに外国人利用者の立場から俯瞰する。図書館や文書館は、歴史学の研究に不可欠な史資料を「継承」し、公開する機関である。そうした場所において、ロックダウン中とロックダウン以降とで変化したものとしなかったものとを探ることにより、「デジタル化」の成果と課題とを提起する。

〈コラム〉　ウクライナ侵攻下におけるロシアの図書館、文書館、日本人の研究状況
——デジタル化の役割——
（鈴木　佑梨）

令和四年に始まるロシアのウクライナ侵攻は、世界中に大きな衝撃を与えた。この侵攻を受け、本コラムでは侵攻下のロシアの図書館や文書館の状況と、ロシアを研究のフィールドとする日本人の研究活動に及ぼす影響について、

筆者の経験を基に述べる。新型コロナウイルス感染症のパンデミックというある種の自然災害に対し、人為的災禍であるウクライナ侵攻において「デジタル化」がいかに機能するのか、また、コロナ禍との類似点・共通点についても考える。なお、刻一刻とその状況が変化するウクライナ侵攻に対し、本コラムは令和四年九月末を以て成稿したものであることをお断りしておきたい。

（奥田　環）

第三章　コロナ禍前後の博物館の動向
――デジタル化の進展と課題――

博物館学を専門とする筆者が、コロナ禍における博物館の動向と現状とを紹介するとともに、「デジタル化」の流れの中で、その利用と意義が増したバーチャルミュージアムとデジタルアーカイブについて解説する。次いで、そのシステムの有用性と弊害、問題点を整理し、博物館の第一義的な使命と機能である「資料の収集・保管」に言及しながら、デジタル社会における資料の「保存」について論じる。「保存」こそが次世代への「継承」の原点であるとの視点に立って、博物館がそれにどのように寄与していくか、ユーザーのアクセシビリティ（Accessibility、利用のしやすさ、円滑に利用できること）にも触れながら記述する。

以上の論考を通して本書では、急速に進むデジタル化の「影響」・「現状」・「進展」に焦点を当てながら、コロナ禍における文化の「継承」について考察を加える。各自の問題意識を基に、それぞれの専門分野が現代社会にみられる様々な課題といかに結び付けて追究し得るのか、その糸口を提示したい。そうした点から、本書のサブタイトル「デジタル化?・デジタルか?」の意味も併せてご想像いただければと思う。そして今後、同様の方針の研究が活性化し、人文科学と現代社会の諸問題とを結び付ける動きが盛んになることを期待する。その際に、本書がきっかけのひとつとなることができたならば、望外の喜びである。

註

（1）歴史学研究会編、中澤達哉・三枝暁子監修『コロナの時代の歴史学』績文堂出版、二〇二〇年等。
（2）研究会発足の経緯については、その契機となったシンポジウムの成果報告にて詳述している（巽昌子・鈴木佑梨・内田澪子・山岸裕美子「公開シンポジウム「「継承」の比較史―伝えられるモノと文化―」成果報告」（『人文学報』第五一八－九、二〇二二年））。
（3）令和三年（二〇二一）法律第三五号（佐伯仁志・大村敦志編集代表『六法全書 令和四年版』有斐閣、二〇二二年）。
（4）本コラムの成稿後、久留島典子氏によるコラムが『史学雑誌』に掲載された（同「前近代日本史研究とデジタル研究基盤」（『史学雑誌』一三一－一一、二〇二二年）。本コラムでは、日本の史料の所蔵元や伝来の特徴、史料集に対する学界の評価などの現状を踏まえつつ、前近代日本史研究におけるデジタル研究基盤の課題が示されている。東京大学史料編纂所にて、長らく日本史に関する研究と史料集等の編纂に携わった同氏の指摘は、日本史研究そのものと、日本史学界が抱える問題を浮き彫りにするものである。

第一章　コロナ禍で見つめなおす「ハンコ社会」
――ハンコと花押の歴史に着目して――

巽　昌子

はじめに

自宅や職場の引き出しを開けるとすぐに、数本の認印が目に入る。日本人として生活していると、そうした光景は日常的なものになっているだろう。最近では荷物の受け渡しなどサインで済ませられる場合も多くなってきたが、それでも私たちは日々当然のようにハンコを押している。特に行政手続きではハンコが重視され、書類一枚に複数の担当者の押印が求められることも珍しくない。こうした状況から現代の日本は「ハンコ社会」・「ハンコ文化」と呼ばれ、世界に類をみないほどにハンコを重視する社会となっている。

しかしながら、令和元年（二〇一九）末に海外で新型コロナウイルス感染症（ＣＯＶＩＤ－19）の感染者が確認され、翌年一月一六日には国内でも初の感染者が確認されると、その「ハンコ社会」が大きく揺らぐこととなった。特効薬もワクチンも未開発の段階にあって、未知の感染症への恐怖が他人との非接触・非対面を推し進めることになった。その際に非接触・非対面を阻害する要因のひとつとして挙げられたのが、日本の「ハンコ社会」だったのである。

殊に令和二年九月発足の菅義偉内閣にて行政改革担当大臣に就いた河野太郎氏が、行政手続きにおける認印の全廃を打ち出したことを皮切りに、「脱ハンコ」への気運が急速に高まった。それと同時に、これまで当たり前のように受け止められていた日本の「ハンコ社会」への関心も高まり、経済・産業面のみならず、学問の面でも脚光を浴びることとなった。例えば日本史学界では、令和四年一月の『日本歴史』八八四号にて「はんこの日本史」と題した新年特集が大々的に組まれ、新型コロナウイルス感染症の流行に伴う「脱ハンコ」の推奨が与えたインパクトの大きさを物語っていた。

そうした状況を鑑みて、本章では日本におけるハンコと、ハンコ同様文書の内容を保証するために記された花押《かおう》とに着目したい。両者の歴史を時代ごとの社会制度や体制の観点から捉えなおし、その過程を基に今日の「ハンコ社会」について、デジタル化との関係性を踏まえて再考する。ハンコ・花押に関しては既に豊富な先行研究が蓄積されているものの、近年は各時代や専門分野に絞った論考が主であるため、今一度通史としてハンコ・花押の歴史を概観することには一定の意義があるだろう。また、先学ではハンコと花押とが個別に取り上げられることが多く、両者を一つの流れの中に置いて検討を加える試みは充分になされていない。そうした状況も踏まえ、本章ではハンコと花押の変遷を同じ座標上に置いて検討を加えていく。

コロナ禍における「継承」というテーマの下、ハンコと花押の歴史的背景を明らかにした上で、昨今のデジタル化推進に伴う「脱ハンコ」が日本社会に問いかけるものとはなにか、私たちが見定めるべき選択肢にはいかなるものが想定されるのか、といった課題を考察する。それにより、「ハンコ社会」が今日までいかにして「継承」されてきたか、そして今後どのようなかたちで「継承」されていくのか、もしくは「継承」が途絶えることになるのか、「ハンコ社会」の来し方行く末の一端を提示できればと思う。

一　「ハンコ」とは

（1）ハンコの役割

ハンコは私たちにとって非常に身近なものである。そのため、却って日ごろその役割を意識することは少ないように思う。そこでハンコの歴史をたどる前に、そもそもハンコとは何か、その役割を確認しておく必要があるだろう。

ハンコを押すということは、端的に言うならば文書の信頼性を保証する行為である。公文書・私文書問わず、ハンコの機能は本人確認、文書内容が真実であることの保証、改竄防止などであり、ハンコが押されていることによって、その文書は信頼に足るものとみなされるのである。また捺印によって、文書の記載事項がそのハンコの所持者の意思であることが確かになることから、結果としてハンコは所持者の意思を直接表明するものにもなり得るのであり、所持者の象徴としての機能も果たすことになる。

つまりハンコが押されている文書を前にしたとき、私たちは文書の作成者が誰であるか、さらにはその捺印が本人の手によるものかということとは無関係に、「捺印＝文書に対してハンコの所持者が責任を有する」と認識するのである。それゆえに、ハンコを押すというのは動作としての簡便さに反し、社会的信用の可視化という、極めて重大な意味を有する行為といえよう。

こうしたハンコの役割は、古代世界の事例からも窺える。日本の話に入る前に、ハンコが登場した原初の様子を確認しておきたい。

世界最古のハンコは西アジアにみられ、壺などの封印に使用したとされている。中国では、紀元前五世紀～同三世紀にかけての戦国時代辺りからその存在が確認されており、権威や序列を示すものとして使用されていた。なお、秦漢までのハンコは紙に直接押すのではなく、木簡の束を封印するためなどに用いられる、粘土の封印（封泥）であった。こうしたハンコは材質や形状、綬というハンコにつける紐の色まで、位や秩禄に応じ、制度で細かく定められていた。既に文書行政が開始されていた中国では、捺印によって政治的・行政的権力が行使されるということを背景に、ハンコというモノ自体が身分の象徴として強く意識されていたという。また、ヨーロッパではシール(seal)といい、一般には蠟を用いて文書を封ずる、封蠟の際に使用した。これは読み書きのできる人の少なさによるものといわれており、ヨーロッパで現代のように自署つまりサインが主流になるのは一九世紀以降のことである。

壺や木簡の束の封印や、文書の封蠟の事例は、ハンコを押すということが、その中のモノに変更が加えられることのないよう、その時点の状態で固定化する行為であったことを示している。その後、捺印の対象は紙の文書が主流となり、封印や封蠟と形式こそ異なるものの、ハンコを押した対象物の内容の変更・改竄を防ぎ、固定するという点において一致する。さらに押印された文書の効力から、ハンコというモノ自体にも示威的意味が付され、多くの規定が設けられていくことになる。

様々な時代・地域において使用されたハンコであるが、いずれの場合においても、ハンコは信頼性の保証として機能していた。本質的な役割が古今東西共通しているという点は、ハンコが人間の社会活動に深く根差したものであることの表れといえるだろう。今回は日本のハンコの歴史を扱うが、各国の事例に目を向けることによって、比較史的・文化人類学的研究も可能になるものと考えられる。

（2）ハンコを示す様々なことば

続いて、ハンコを示すことばに注目してみよう。そもそもハンコとは、金属や木、角、石などの面に文字や紋様を刻み、墨や印肉で色を付けて文書などに押すものである。なお、ハンコはもともと「はんこう（版行・板行）」のことであり、「判子」は当て字であるという。(1) タイトルにもあるように、本章では「ハンコ」という言葉を用いるが、日常生活では「ハンコ」のほかにも、「はん」・「印鑑」・「印章」などの名称が使われている。そこで考察を始めるにあたり、辞典・事典類や門田誠一氏の見解(2)に倣いながら、まず「ハンコ」やそれと同等の、もしくは類することばについて確認しておきたい。

まず、古代よりハンコについて用いられた呼び方は「印」であった。印を押す行為は捺印または押印といい、紙などの上に形成された跡を印影といった。また「印章」は、現行の刑法第一六四～一六八条(3)に印章偽造罪が定められていることなどを踏まえれば、行政上・法律上の公式な呼び名と捉えられるだろう。

次に「はん（判）」だが、これは最も包括的な呼び方である。この「はん」は、文書などに押すモノ自体に加え、押した後そこに残る跡、すなわち印影も表すことばである。例えば日本の中世社会では、押捺するものと書くものとを含めたものとして「はん」という呼び方が存在しており、押捺するハンコを印判《いんばん》と呼ぶのに対し、筆で記す花押を書判《かきはん》と呼んだ。なお、単に判というときは花押のことを意味しており、これは後述のごとく、当時は花押のほうがハンコよりも優位であったことを示している。

また「印鑑」は、市町村役場、銀行その他取引先などにあらかじめ提出し、登録しておく実印の印影のことを指すことばであり、ハンコの真偽を鑑定する基になるものである。江戸時代に照合用として、関所、番所などに届け出ておく特定の印影の見本（台帳）を「印鑑」や「判鑑《はんかがみ》」と呼んだことに由来し、そこからハンコの印影のことも印鑑と呼ぶようになったとされる。

そのほか、天皇のハンコは「璽《じ》」と呼ばれる。飛鳥時代の大宝元年（七〇一）に制定された大宝律令にて天皇御璽が規定され製造されて以来、その呼び名が用いられてきたものである。今日も、天皇は「御璽《ぎょじ》」と「国璽《こくじ》」とを所持している。

このように、ハンコはその呼称だけでも多種多様であるが、それこそが長期間、広く用いられてきたことの表れであろう。これら様々な呼称のうち、本章では「ハンコ社会」や「脱ハンコ」などの用語にみられる、「ハンコ」という呼称を主として用いるが、これは、ハンコの歴史を通して日本の「ハンコ社会」が形成された過程を紐解き、そこから今日進むデジタル化の影響を考察するという趣旨に基づくものである。とはいえハンコの歴史をたどる上では、史料上の表記など、当時用いられていた呼称をそのまま用いるほうが適切な場合もあるため、その場合は適宜「印」や「判」といった表記も併用することをあらかじめお断りしておく。

(3) 自署とは

次にハンコと深い関係があり、ハンコの歴史をみる上でも不可避のものとして「自署」がある。ハンコを示すことばとともに、自署の定義も確認しておこう。

まず現代の日本社会における用法を、『広辞苑 第七版』[4]の内容を基にまとめると以下のようになる。

「自署」は姓名を自筆で記すことである。これに対し、「記名」は自筆とは限らず、他人の代筆や、印刷・ゴム印によって姓名を記すことも含めるものである。「署名」もまた、自分の姓名を書き記すことであり、法律上は原則として自署または自署捺印のことを示す。

これに対して、前近代の社会の「自署」は自己の実名《じつみょう》を自筆で記すことであり、姓や氏は無関係であった。実名とは、当時人格として重きを置かれるものであり、例えば源九郎義経の義経がそれにあたる。一方で、仮名《けみょう》という日ごろの呼び名は、九郎の部分である。その実名を自筆で記すことが当時の自署であった。そしてこうした自署の用法と位置付けが、ハンコや花押の歴史と密接に関わってくることになるのである。

（4）ハンコに関する先行研究

ハンコは文書による行政・社会制度と強い関係性を有するものである。そして蔵書印や落款などもまた、所有者や製作者の証を示すという点において、上記の役割から逸脱するものではない。そのため歴史学でハンコを扱うにあたっては、対象とするハンコが行政書類や契約書類に使用されたのか、書物や芸術作品といった文化的なモノにみられるのか、などの点で、政治史・経済史・文化史といった様々な側面から論ずることが可能であろう。また、モノとしてのハンコに焦点を当てれば、素材や製作・流通過程の面から、技術や経済活動の広がりの解明が期待される。[5]

こうしたことから、ハンコやそれと切り離すことのできない自署・花押の歴史に関しては、多方面に亙る研究がなされており、枚挙に遑がない。ここでそれらすべてを扱うことは難しいため、日本におけるハンコや花押に軸を置いた、代表的な論考の紹介に留めたい。

まず通史としては、石井良助氏、荻野三七彦氏、新関欽哉氏等による研究[6]が挙げられる。これらを皮切りに、日本文化としてハンコに注目したのが門田誠一氏[7]である。さらにアジアを対象にハンコの起源をたどり、その歴史的展開を基底に据えながら、日本におけるハンコの歴史を古代から明治時代に至るまで体系的にまとめたものが、久米雅雄氏の研究[8]である。このほか高沢淳夫氏は、ハンコの歴史を古代より俯瞰しながら、明治時代以降のハンコの社会的普及と「信用」の成立について考察を加えている[9]。直近では、令和四年（二〇二二）一月の『日本歴史』[10]にて「はんこの日本史」と題する特集が組まれた。日本史の各時代の研究者が、それぞれの専門に基づきハンコからみえてくる時代や社会の特徴、人間の営みについて論じており、最新の研究成果が凝縮されたものとなっている。

次に時代ごとの研究を概観する。はじめに考古史料としてのハンコについては、「漢委奴国王」の金印に関する総合的な研究がなされている[11]。また古代のハンコについて、文献史料と出土史料の双方から包括的にまとめたものとしては、国立歴史民俗博物館研究報告の特集[12]が挙げられる。中世では、戦国時代のハンコと印判状に関する研究が多くみられ、早期の相田二郎氏によるもののほか、二〇〇〇年代に入ってからも盛んに検討がなされている(13)。近世については百姓印に関する研究が地域ごとに蓄積されつつあるのに加え、その百姓印を製作した印判師に関する研究や、徳川将軍家の用いた御印判の製作過程を論じたものもみられる(14)。

続いて花押の先行研究を挙げよう。花押に関する詳細な説明は三にて行うが、これは自署から発展し、中世を中心に、平安から江戸時代まで長く用いられたものである。先学としては、上島有氏や佐藤進一氏、荻野三七彦氏等によるもの(15)をはじめとし、近年でも特定の一族や人物に焦点を絞る考察を中心としながら、多くの研究が行われている。

このように、ハンコや花押に関する研究は長きに亙って蓄積されてきた。しかしながら、日本史上での花押とハンコとの関係性、互いに及ぼし合った影響についての議論は充分になされているとはいい難い。さらにハンコと花押双方の歴史で、近年の研究が個別具体的な内容を主としていることも踏まえ、本章では両者の関係性を歴史上いかに位置付けるかの考察にも取り組むことにする。そうした試みが、今後の研究の足掛かりとなれば幸いである。

さて前置きが長くなったが、次節以降、日本のハンコと花押の歴史について概観していこう。

二　律令国家におけるハンコ

（1）律令制以前のハンコ

現存する最古のハンコ

日本で発見されている最古のハンコは、天明四年（一七八四）二月二三日に筑前国那珂郡志賀島村（現在の福岡県福岡市東区志賀島）で地元の百姓甚兵衛により発見された、かの有名な「漢委奴国王」の金印である。南朝宋の歴史家范曄《はんよう》（三九八～四四五）による、『後漢書』倭伝(16)の「建武中元二年、倭奴国、奉貢朝賀、使人自称㆓大夫㆒。倭国之極南界也。光武、賜以㆓印綬㆒」との記事から、この金印は建武中元二年（五七）に朝貢した倭奴国王が後漢の光武帝から賜ったものと推定される。そしてこうして賜ったハンコは中国皇帝との朝貢など、対外的に使用された可能性は高いが、対内的には示威的効果が期待されたものであったと考えられている。[17]すなわちこのころのハンコは、文書に押すことに意義があるのではなく、ハンコというモノ自体が王権の象徴であり、東アジアの冊封体制の中での順位付けを表すものであったといえるだろう。

古墳時代でも「倭の五王」に代表される日本の施政者は中国王朝に上表文を送り、東アジア世界における自らの位置付けを行おうとしたが、この時代のハンコは今のところ発見されていない。門田誠一氏によると、古墳時代における国内の行政文書に対するハンコの使用に関しては肯定的な資料がないとする一方で、この時代の場合も、中国皇帝に上表文を送る際など、国際的な場面でハンコを使用した可能性は考えておかなければならないという。[18]

飛鳥・奈良時代のハンコ

やがて飛鳥・奈良時代以降になると日本独自のハンコが現れ、公的な権力を有するものとして用いられ始めるようになる。日本古代のハンコは、中国の隋(五八一～六一八)、唐(六一八～九〇七)から、遣隋使や遣唐使が学び持ち帰った隋唐印制を基に成立したとされる。

ただし印制自体は隋唐から学んだ反面、七～八世紀以後に現れた日本古代のハンコは、鈕の形や文字の配置などの点において隋唐のものと異なっており、当初から日本独自の形式を有していた。また、先に中国では木簡の束を封印するための封泥が用いられたことを紹介したが、日本の奈良時代の遺跡から出土する木簡には封泥が伴わない。これは、日本で国内の政治・行政制度が体系的に整備されたときには既に紙による文書の時代に入っており、木簡文書とそれに伴う封泥が盛んに行われる時期を過ぎていたためと考えられる。

（2）律令制度とハンコ

律令に現れるハンコ

日本でハンコが本格的に使用されるようになった社会的背景としては、律令制の整備が挙げられる。『続日本紀』には文武天皇の大宝元年（七〇一）六月己酉条に「七道に使いを遣わして、よろしく新令に依りて政を為し、及び大祖を給うの状を宣告せしめ、幷びに新印の様《ためし》を頒布す(19)」とある。ここでいう新令とは大宝令のことであり、新令によって政治を行うことを全国に宣告し、同時に「新印」を諸国に配ったという。(20)同じく『続日本紀』には、この宣告の三年後の慶雲元年（七〇四）年夏四月甲子条に「鍛冶司をして諸国印を鋳せしむ(21)」と、政府の官営工房で印が製作されたことを示す記述があり、このころからハンコによる行政処理が本格的に始まったことが窺える。なお、律令制下でのハンコは鋳銅印であり、印面のかたちは正方形が多く、印肉は朱色（丹色）であった。

こうした律令でのハンコの制度や規格は、公文書の様式や施行手続きを定めた「公式令」天子神璽条の中にみられる。(22)大宝元年制定の大宝令では内印（天皇御璽）、外印（太政官印）、諸国印が公文書に押されるものとして規定された。さらに天平年間（七二九～七四九）には中務省と女官の内侍司のハンコも存在したほか、養老三年（七一九）には新たに式部省・治部省・民部省・兵部省・刑部省・大蔵省・宮内省と春宮坊にハンコが与えられ(23)、八省をはじめとした諸司印も加わったことが分かる。律令の施行を機に使用が開始された公印は、徐々にその範囲を拡大し、様々な官司が用いるようになっていくのである。

また、先に挙げた「公式令」のうち行公文皆印条(24)には、公文書へのハンコの押し方も定められている。これによると、本文、物の数量、文書発行の年月日、担当した官吏の署名、紙の継目、駅馬・伝馬の使用許可を記す駅鈴伝符に関連する箇所に捺印するよう定められており、文字が記された部分のほぼすべてにハンコを押すことが求められた。文字部分全体にハンコを押すのは文字の改変を、紙の継ぎ目への捺印は紙の差し替えを防ぐためのものであり、これらの規定が不正を防止するためのものであることを示している。

加えて、早くから訂正箇所に押捺する訂正印や、文書の内容を承認する勘検印としての捺印も見受けられた。その一方で、文書の一部にしか捺印されていない事例や、捺印後に文字を擦り消して訂正したにもかかわらず、訂正印のない事例もみられるなど、必ずしも先の規定が徹底されていたとはいえない状況ではあった。さらには改変防止のみであれば「封」の字を重ね書きするという手段でも間に合ったほか、そもそもハンコを有さない官司も存在した。こうした状況について古尾谷知浩氏は、ハンコを有する官司がみな被管官司を備えていたことに注目する。[25]令制でいうところの被管とは、上級官庁に直属する下級官庁、例えば省に属する職《しき》や寮、司などのことを意味しており、この被管官司が所管官司の外部に文書を送る場合に、認証を経ていることの証として所管官司のハンコを押したと推定している。実際、養老律の養老職制律事応奏而不奏条[26]には、所管の官司を経由せずに言上することを禁止する規定があり、所管官司の認証を示すハンコが必要とされたことが窺えるのである。

こうしたことから、ハンコの押し方に関する規定が現実には徹底されていなかった場合もみられるにせよ、捺印が規定された目的が、文書の記載事項が事実であることの保証および、文書発行の責任の所在を明らかにすることにあったことは確かであろう。

捺印の減少と使用場面の変化

やがて九世紀に至ると、捺印を不要とする様式の文書が多く用いられるようになり、また、捺印が必要とされる文書においても、押されるハンコの数が減少していく。その一方で八世紀末から九世紀にかけて、財政に携わる官司を中心に新たにハンコを与える動きがみられ、さらには貞観一〇年（八六八）六月二八日の太政官符[27]によって臣家のハンコも公認される。この背景として、古尾谷知浩氏は省被管の職・寮が独立して調・庸の収納にあたったことと、有力な公家や寺社が独自に封戸物の収納を行ったことを挙げている。[28]そして税の納入証明書に捺印が必要とされたことから、財政に携わる官司を中心に新たにハンコが与えられ、有力な公家の家政機関でのハンコの所有も認められることになったのである。こうして少なくとも平安時代中期までは、当初令で規定したものとは異なるかたちではあるが、官司の印は用いられ続けていた。

（3）律令制下の私印と個人の発給文書

律令の規定外のハンコと公認された私印

ここまでみてきたように、律令制下では「公式令」天子神璽条によってハンコの制度や規格が定められていた。しかしここで規定の対象となっているのは、公印や官印と呼ばれる、当時の役所で用いられた公のハンコに限られており、私印についての規定はみられない。また文書様式の点からみても、当時は個人が発給する文書に捺印する規定はなく、そうした文書で個人の意思を確認するために必要とされたのは、文書の発給者の自署であったことが分かる。

一方で実際の古文書にみられる印影や、遺跡の発掘調査による出土物をみると、郡印や郷印、軍団印や寺院印、神社印、僧綱印など、公式令には規定されていない数多くの種類の公的なハンコの存在が認められる。制度上規定されないこうしたハンコの存在は、ハンコの普及状況を探る上で貴重なものであろう。さらに八世紀中ごろには、個人印を押すことが流行した。この行為について土橋誠氏は、文書の効力としては自署のみで足りることから、押印は公文書を模倣して念のために行ったものと考えている[29]。

先に述べたように、貞観一〇年（八六八）には臣家のハンコが公認されるが、これは実社会における私印の使用状況の拡大に応じたものと考えられる。だがここで公認された私印は家印のみであり、個人印は含まれていなかった。さらに当時のイエというものは、三位以上の公家に公的に設置された家政機関であり、家司《けいし》を置いて家領の経営などに関わる文書などを発給していたことから、そこで押される家印は公印と同様の役割を果たしていたといえる。また、古文書の印影や出土物にみられる、郡印や寺院印といったものも組織のハンコであることを併せ考えると、古代のハンコは私印といえども、組織のハンコとして使用された事例が多かったといえるだろう。個人印の使用が流行した時期もみられたが、これらはあくまで公印の模倣として補完的に使用されたものであり、法的な効力は有さなかったのである。

やがて一一世紀ごろからは、公文書でも家政機関による文書でも、押印のないものが一般的になる。押印のない文書は「白紙文書」と呼ばれ[30]、中世の武家文書に影響を与えることになった。そして押印は儀礼的な文書に限定されるようになり、それとともにハンコ自体が呪術や信仰の対象として扱われ、埋納されたり神体として祀られたりする事例が増加していく。この後、ハンコが本来の役割を以て再び広く使用されるようになるまでには、しばらく時代を経ることになる。

識字能力の問題

ここまでみてきたとおり、律令制下ではハンコに関して様々な規定が設けられたわけだが、その中で個人が発給する文書に対しては捺印の規定が存在せず、それらにおいて個人の意思を明示するために必要とされたのは、文書の発給者の自署であった。

しかしながら自署には、そもそも文字の読み書きができなければならないという最大の問題点があった。その解決策として、奈良時代には指の関節の位置を墨で記す画指《かくし》という方法がとられた。これは字の書けない者が、他人が記した名前に指を画することにより自署の代用とするものであって、当事者による内容の証明や保証が必要となる、借金や土地売買などの契約文書に多く残されている。画指の横には左右どちらの手のどの指か、どちらが指先かなども記されており、指の関節間の長さによって個人の識別を図ったことが窺える。

この画指は、日本では平安時代や鎌倉時代初めにもみられたというが、平安時代後半から鎌倉・室町時代にかけては手形による手印や指紋による拇印、筆の軸を利用した筆印（あるいは筆軸印）などが中心となっていく。手印や拇印、筆印などは「印」の語がつくとおり、それぞれの形を押すものだが、これらはハンコの一形態というよりも、画指と同じく、あくまで自署の代用として位置付けるべきであろう。歴史上、文書の内容証明に関する識字能力の問題への対処が現れた早期の事例として注目したい。

（4）ハンコから自署へ

文書を保証する主体と手段との変化

ここまで律令制下におけるハンコについてみてきた。それは律令に規定された公印が中心となっており、私印もまた、主にイエという組織のハンコとして使用されるものであった。個人印も存在はしたが、公的に認められたものではなく、公印を模倣して補助的に使用されたにすぎなかった。その後、朝廷でも押印を必要としない様式の文書が多く用いられるようになると、ハンコを使用する機会は減少していった。

だがハンコを押すそもそもの目的は、文書に記された内容の保証とその責任の所在の明示であった。そのため、ハンコが押されない文書の保証はいかにすべきか、が新たな問題となり、そうした状況においてハンコに代わって重要視されたのが、文書への自署であった。それ以前の段階から、個人が発給する文書には自署が必要とされていたことは先述のとおりである。この点を併せ考えると、朝廷の機関やイエといった組織から個人へと、文書を保証する主体が変化し、それに伴って、ハンコから自署へと、文書を保証する手段の中心も移行していったと捉えることができるのではないだろうか。

社会的背景の考察

ではそのような変化を生じさせた、社会的背景には何があったのか。ここまでのハンコの歴史を踏まえつつ検討を加えると、古代社会から中世社会へ移行する動きと、深く関わっていることがみえてくる。

はじめに「公式令」の規定では、文書発行の責任の所在を示すため、被管官司を備えた官司にハンコが与えられた。その後、財政に携わる官司を中心に新たにハンコが与えられ、独自に封戸物を収納するようになった有力な公家や寺社にもハンコの使用が認められるようになる。このことは税を扱う組織の拡大・独立や、公地公民という律令制の基本原則に則った班田制の解体と変質、荘園制への移行に伴う摂関家等有力な公家や寺社勢力の伸張といった、社会の大きな流れと一致する。ハンコの使用を認められた機関の範囲が拡大したことは、それらの機関の独立化の裏返しでもあったといえるだろう。

一方で、臣家のハンコが部分的に認められたとはいえ、その範囲は限定的であった。あくまでもハンコは組織のものであり、個人を示すものは公認されていなかったのである。すると班田制から荘園制へと社会が移り変わり、文書を発給する主体の中心が組織から個人へと移行する中で、文書を保証するために用いられる手段もまた、自ずとハンコから文書の発給者の自署へと変化していったものと考えられる。こうして自署の使用頻度が高まったことによって、他者がまねのできない筆跡による自署を用いる動きが現れ、花押の登場へとつながっていくことになる。

そしてその花押を使用し政治を行ったのが、新たな勢力として台頭した武士であった。武家政権という、律令制の枠組みに留まらない体制が行政機能を果たすにあたっては、公式令で規定され、朝廷から頒布されるハンコ以外の手段を以て文書を保証する必要があったのである。その際に適していたのが花押であり、中世文書を特徴付ける要素のひとつとなっていく。

三　書判の時代

（1）花押の登場

書体の変遷

一（3）で触れたとおり、前近代社会の自署は自身の実名のみを自筆で記すことであった。その自署は奈良時代には楷書で記されていたが、やがて行書も用いられるようになり、平安時代に草書や仮名書が盛んになると、行書から草書へと変化する。草書の自署は草名《そうみょう(そうな)》と呼ばれ、行書より一層簡略化された形をとる。そしてこの草名が発展し、花押へとつながるのである。

こうした書体の変遷は、書道史の流れと並行する。日本史の授業で習うであろう三筆と三蹟を挙げるならば、嵯峨天皇（七八六～八四二）・橘逸勢（不詳～八四二）・空海（七七四～八三五）の三筆の時代は楷書と行書が用いられ、小野道風（八九四～九六七）・藤原佐理（九四四～九九八）・藤原行成（九七二～一〇二七）の三蹟の時代には草書が発達するようになる。この変化が署名の書体にも影響を与えたことはいうまでもない。

けれども書体の変遷のみが要因であるならば、草名から花押へと発展し、それが広まった経緯の説明はつかない。そこで想起されるのは、律令制下では個人のハンコの所有が公認されていなかったことであろう。当時は公文書と、私人間での契約文書との双方で自署が用いられており、一方で政治的にも経済的にも、個人が発行する文書の使用場面が増加していた。こうした社会背景により、他者による模倣が困難な独自の筆跡が必要とされ、特徴的な自署が生み出されていったものと考えられる。つまり、個人を識別するための特徴・個性を有した自署が必要になったことが、花押の普及につながったのである。

花押とは

ではそうして登場した花押とは、一体どのようなものか。花押は自署の代わりに書く記号・符号であるため、使用目的は文書に証拠能力を付すことにある。文書の責任の所在を示し、保証するという点でハンコと同様の役割を果たしているわけだが、個人のハンコが公認されていなかった時代において、個人が作成・発給する文書に必要とされたのは自署やそこから発達した花押であった。花押は押字《おうじ》や判・判形《はんぎょう》と呼ばれたほか、ハンコのことを示す印判と区別して書判とも称された。中世社会で「判」ということばがハンコではなく花押のことを表すことからも、当時花押がいかに広く使用されていたかが窺える。

特徴的な自署として生み出された花押であるが、佐藤進一氏は、その定義を「草名の筆順、形状がとうてい普通の文字とは見なしえない特殊性を帯びたもの[31]」とする。そして花押は九世紀の半ばに中国唐代の文書から現れ、日本での形成期は一〇世紀半ばと考えられている[32]。現在、日本の花押の最も早い事例と推定されるのは、平安時代の天暦四年（九五〇）の仁和寺別当大法師某や、同五年の加賀権守源某のものであり、これら草創期の花押は草名体花押と称された。しかし草名体花押の識別には、草書体の自署である草名を一層特徴的に変化させたもの、という曖昧な基準しかないことから、草名ではなく花押と意識して記され始めた時期を客観的に判断するのは非常に困難である。ただし草名にせよ花押にせよ、他者による模倣・偽筆を避ける意図で用いたことに変わりはなく、個人の発給する文書に保証を付すという点で、極めて重い意味をもつものであった。

（２）花押の記し方

書札礼と花押

花押は記される位置もまた重要であり、文書の受取人を示す充所《あてどころ》と花押との位置関係は書札礼によって定められていた。

書札礼とは、書札すなわち書状の形式等を規定する礼法式のことである。これまで文書の書式を規定したものとして挙げてきた「公式令」は、詔書や勅旨をはじめとした、律令国家における公文書名称や様式、発布手続きなどを規定するものであった。これに対し、書状などの私文書を作成する際に守るべき儀礼（書札）と故実、またそれらをまとめた書物のことを書札礼といい、早期のものとしては平安時代末期の藤原（中山）忠親（一一三一～一一九五）による『貴嶺問答』[33]や、平安時代末期から鎌倉時代初期の仁和寺守覚法親王（一一五〇～一二〇二）による『消息耳底秘抄』[34]が挙げられる。やがて鎌倉時代の弘安八年（一二八五）には、亀山上皇（一二四九～一三〇五）の評定において『弘安礼節』[35]が選定され、これは室町時代以降に定められる、各種の書札礼の基準とされた。

こうして書札礼が整えられた背景には、院宣や綸旨といった公式令の規定にはない新様式の文書が、本来は私文書であるはずの書状の形式で作成され、公文書として使用されるようになったことがある。文書の差出人と受取人との間の身分の上下に基づき、用いるべきことばや書体、宛名の書き方などの細部にまで亙る規定が、これらの書札礼によって設けられたのである。なお、書状形式の文書であっても、公家社会では自署の文書が多くみられたことには注意したい。自署と花押とでは自署のほうが厚礼であり、礼の厚薄によって自署と花押とを使い分けていた。

話を花押に戻そう。先にも述べたように、中世社会にて「判」は花押を意味しており、署判は記された花押のことを表した。また、花押を据えることを「署判を加える」といい、文書の作成にあたっては、差出人が記す署判の位置が文書の差出人と受取人との関係性を示すものとして重要であった。

例えば年月日の下に記す場合は「日下《にっか(ひのした)》署判」といい、年月日の次行の上部に記すものは「奥上署判」、年月日の次行の下部に記すと「奥下署判」という。「奥」というのは文書の末尾のことであり、当時の文書は縦書きであるため、必然的に用紙の左側を示すことになる。これに対して文書の初めの余白、右端の部分を「袖」といい、そこに記された花押を袖判という。袖判は差出人が受取人に対して上位の場合に用いる尊大な様式であり、奥上署判と奥下・日下署判とでは、後者のほうが差出人の身分が下がり、より鄭重な様式となる。このほか、裏花押と呼ばれる様式もみられる。これは用紙の裏側（紙背）に花押を記すものである。本来花押を記すべき位置の裏側に記すもので、平安末期から現れ、鎌倉時代の貞永年間（一二三二～一二三三）以降、中世を通じて多く行われた。この様式は、差出人から宛先に対する謙遜の意を示すものであった。

自署と花押

ここまでみてきたように、そもそも花押は自署が発展したものであり、当初自署の代わりに記すものであった。つまり実名を自署するか、その代わりに花押を自筆にて記すかのいずれかの方法をとるべきであり、実名と花押の連記は自署を二重に行うことになる。そのため、官符や宣旨をはじめとした公文書、および綸旨などでは、実名の自署と花押とが重複して記されないという原則が守られた。だが同時に、花押は他者の偽筆を防ぐ目的から生まれたため、結果的に誰の手によるものかの判断が難しくなるという弊害を孕むものでもあった。佐藤進一氏も指摘するところであるが、朝廷の限られた人員の中では互いに花押を識別することが可能であり、もしくはそうした建前の上で、花押のみを記すという方法をとったものと推測される。(36)だが朝廷以外の武士や庶民の場合では状況が大きく異なってくる。現在の印鑑証明のようなシステムがまだ見受けられない中、花押のみで署記者を特定するのがほぼ不可能であったことは想像に難くない。これは花押の本来の役割である、自分と他者とを区別し、署者が本人であることを証明する効力を揺るがしかねない事態であった。佐藤氏はその解決策として、実名と花押とを連記する方法が考え出されたと推察する。さらには、鎌倉幕府初代将軍源頼朝（一一四七～一一九九）がこの署記法を用いて書状に「頼朝（花押）」と記したことから、以降、幕府の発給文書をはじめ、武家社会で作成される文書ではこの方法が原則となったと述べる。

こうした佐藤氏の見解は実に示唆に富むものであり、自署と花押との関係性について考えさせられるものである。

しかしながら、頼朝の署記法を受けて、直ちに「実名（花押）」の形式が一般的になったとみるのはいささか早計と思われる。それというのも、頼朝自身の書状には「頼朝（花押）」のほかに、「頼朝」のみや「（花押）」のみの書状など、様々な形式のものがみられる。署判の位置も、公文書か私文書か、または宛先との関係性や文書作成時の頼朝の地位によって、日下署判や袖判、裏花押と使い分けられているのである。したがって、頼朝の署記法により直ちに「実名（花押）」の形式が武家の原則となったとはいいきれないであろう。また荻野三七彦氏は、花押が自署の代わりであることから、「（花押）」・「官位（花押）」のかたちをとるべきであり、「頼朝（花押）」というかたちは右筆《ゆうひつ》[37]の誤りと解釈している[38]。けれども、後述のとおり「実名（花押）」の形式が後世には広く用いられていることを踏まえるならば、頼朝の署記法は右筆の誤りというよりも、意図的にそのような形式を用いたとみるべきではないだろうか。

続いて頼朝と同時代を生き、鎌倉幕府の執権政治の基礎を築いた北条義時（一一六三～一二二四）の事例もみてみよう。義時の場合、書状のみでも「相模守（花押）」、「右京権大夫（花押）」、「陸奥守平（花押）」、「前陸奥守平義時（花押）」と、多様な形式が見受けられる。相模守や陸奥守は官位であり、平は氏であるので、「官位（花押）」、「官位＋氏（花押）」、「官位＋氏＋実名（花押）」といった形式をとっていることが分かる。

ではこうした様々な署記法がとられた理由をいかに解釈するか。当時武士は新興勢力であり、まだまだ朝廷や大寺社の勢力が強かったこと、そして公家社会とは異なる、武家社会独自の文書様式が形成され始めた時期であったことなどの社会的背景を鑑みると、受取人である充所との関係性によって使用される署記法が変わったと推察される。言い換えれば、受取人の立場、公家・武家・寺院社会のいずれに属する者なのかといった点も、署記法を選ぶ重要な要素であったのではないかということである。すなわち、実名を特徴的なかたちに発展させるという花押の特徴ゆえに署者の特定が困難になり、そうした事態の解決策として、実名と花押とを連記する方法が考え出された。そして、武家側から公家社会や寺院社会に宛てて文書を発給する際、武家側の者の花押を受取人側が把握しているとは限らないことを配慮し、実名を記して差出人を明確にしたのではないかとの仮説が立つのである。他者による自署の偽造・模倣を防ぐために発生した花押だが、その特殊な形状ゆえに署記者が分かりづらくなった。さらには公家社会という限られた場所に留まらず、武家社会という新たな社会集団の登場によって、それぞれの花押の把握が不可能になりつつある状況も相俟って、実名と花押との連記という手段を用いるようになったのではないだろうか。頼朝の署記法がそうした流れを促進する要素のひとつであったことは確かと思われるが、その後も武士たちは様々な署記法を併用しながら、徐々に公家とは異なる、武家独自の様式へと発展させていったと推測されるのである[39]。

実際にその後、鎌倉幕府第一四代執権であり第九代得宗の北条高時（一三〇三～一三三三）に至ると、「高時（花押）」や「相模守高時（花押）」と、実名と花押との連記が多く確認されるようになる。やがて室町幕府初代将軍足利尊氏（一三〇五～一三五八）や戦国大名上杉謙信（一五三〇～一五七八）、安土桃山時代の豊臣（羽柴）秀吉（一五三七～一五九八）などは「実名（花押）」の署記法を広く用いており、この形式が一般化していることが判明する。

ここまで武家社会における「実名（花押）」の署記法について俯瞰したが、一一世紀末でも公家以外の人びとの間ではそうした署記法の事例がみられ始めている[40]。武家社会では文書の作成能力如何とは無関係に、文書の作成を右筆に任せるという慣習が早くに成立したというが、この署記法の場合、本文に加えて実名も右筆が記すことから、発給者自身は花押のみを記すことになり、文書の作成方法に明るくない者、識字能力の低い者でも文書の発給が容易となった。例えば識字能力のない庶民層の人びとが田地売券などの契約文書を作成する際にも、他者に文書を作成してもらい、自身は花押のみ据えるという方法によって、文書の発給が可能になったのである。こうした方法は、文書の発給主体が拡大することに伴って生じた、文書の内容証明に関する識字能力の問題を解決する手段のひとつとしても役立ったといえるだろう。

（3）『押字考』による花押の分類

伊勢貞丈『押字考』

続いて、花押のかたちについてみていこう。花押は本人の手によるものであることを証明するために、他者とは異なる固有の自署を用いようとした結果生まれたものであり、通常の文字と判断されないような、特殊な筆順や形状を有するものであった。そのため様々な作り方が存在するわけだが、花押の発達とともに、そのかたちにもおおよその流行がみられる。

江戸時代中期に有職故実を研究した伊勢貞丈《いせさだたけ》（一七一七〜一七八四）の著書『押字考』(41)には、

花押トハ、字ヲ草法ヲ以テ省略シテ形ヲ作リ、其体花文(紋)ヲナスガ故也。ハナヤカニカザル意也。按スルニ押字ニ五体アリ、曰草名体、曰二合体、曰一(二)字体、曰別用体、曰明朝体也。（中略）右押字五体ノ目、古人イマタ云ハサル所、貞丈新ニ是ヲ分別スル者《もの》也。

とあり、新たに花押の五分類を提示する旨を述べている。貞丈によるこの分類は、花押の発達の過程に則った分類方法であり、今日の古文書学でも広く使用されている。そこで、この分類に沿う形でそれぞれのかたちの特徴をまとめながら、具体的な花押の事例を紹介したい。

花押の分類

はじめに草名体だが、先にも少し触れたとおり、これは花押の発生期に現れる。実名の草書体を発展させた形状のものであり、三蹟の一人藤原行成の花押はこのかたちの典型的なものといえる。なお、草名体は鎌倉時代以降も書札形式の文書に多く用いられ、鎌倉時代後期から南北朝時代の公家である吉田定房《よしださだふさ》（一二七四〜一三三八）等の使用が確認される（図1—1・2）(42)。

次に二合体という、実名二文字それぞれの一部を組み合わせ、草体にしたかたちが登場する。例えば藤原行成と並ぶ三蹟の一人、藤原佐理は「左」と「里」を、源頼朝（一一四七～一一九九）は「束」と「月」を組み合わせた花押を作成している（図２―１・２）。

また草名体と二合体との間に散見されるのが、一字体という、実名の一字のみから作る花押である。平安時代末期の武将である平忠盛《たいらのただもり》（一〇九六～一一五三）や、鎌倉幕府の第二代執権北条義時（一一六三～一二二四）、室町幕府第三代将軍足利義満（一三五八～一四〇八）等がこのかたちの花押を用いている（図３―１・２・３）。

やがて別用体という、鳥をはじめとした、文字と無関係の図形を用いる形式が現れる。わずかな事例に留まるが、安土桃山時代から江戸時代初期の大名伊達政宗（一五六七～一六三六）のセキレイの花押などがこれにあたる（図４）。

最後に明朝体は、中国の明朝にて流行した形式ということからこのように呼ばれたという。天地の二本の横線を置き、その中間に様々なかたちを作るもので、安土桃山時代の加藤清正（一五六二～一六一一）や江戸幕府初代将軍徳川

図 1-1　藤原行成花押

図 1-2　吉田定房花押

図 2-1　藤原佐理花押

図 2-2　源頼朝花押

図 3-1　平忠盛花押

図 3-2　北条義時花押

図 3-3　足利義満花押

図４　伊達政宗花押

図5-1　加藤清正花押

図5-2　徳川家康花押

家康（一五四二～一六一六）などの事例がある（図５―１・２）。

以上が伊勢貞丈による五分類と、その具体例である。花押には様々な趣向が凝らされるがゆえに、類型の複合型もあれば、戦国時代・安土桃山時代以降になると文字を倒置したものや裏返したものなど、一層複雑な作り方をしたものが現れてくる。また先の分類からも窺えるように、時代が下るにつれて実名から離れたものも使用されるようになる。そこで次に、花押と実名との関係についてみていこう。

（４）花押の変遷と実名との関係性

時代・集団にみられる花押の特徴

花押の各類型には、それぞれ流行した時期がある。平安時代は主に草名体と二合体が用いられ、特に平安後期には二合体が多く用いられる。また、草名体と二合体との間に散見されるのが、一字体であった。やがて鎌倉時代以降は二合体と一字体が主流になり、別用体は一部の武士、僧侶等の使用に留まった。そして明朝体は、安土桃山時代を経て江戸時代に最も流行する。徳川家康がこのかたちの花押を用いたため、江戸時代には徳川将軍家はじめ一般武士の間にも広まり、徳川判ともいわれた。

平安時代に流行した草名体と二合体、一字体はそれぞれ作り方に相違はあるにせよ、実名を基に作成するという点で共通する。これは実名を記す行為、すなわち自署から発達したという花押の由来によるものであり、花押と実名とが強く結び付いていたことを示している。

このほか集団ごとにも花押の特徴に違いが生じ、鎌倉時代以降の花押では、公家と武家との間にも異なる特徴がみられるようになる。まず公家の場合は鎌倉時代後期辺りから、上層の公家では筆画を多く複雑にし、筆順を分かりにくくする傾向がみられるようになる。さらに南北朝・室町時代に入るとその傾向は一層顕著になり、室町時代の公家一条兼良《いちじょうかねら（かねよし）》（一四〇二～一四八一）の花押（図６）のように、菱形を基調とする、図形化したかたちのものとなる。その一方で、中下層の公家は平安後期からみられるような、画数が少ないかたちのものを用いており、階層により使用する花押のかたちが区別されていた。

次に武家の花押では、鎌倉時代から公家とは異なる独自の特徴が生じてくる。それは同族や、主従関係のある集団の間で類似したかたちの花押を用いるというものであり、父祖や主君のものを基にしたかたちの花押を使用する風習が生まれた。

例えば北条氏の花押は、ほとんどのものが時政か義時、いずれかのかたちに基づいている。時政の花押は時の「日」と政の「攵」からなる二合体であり[43]、義時の花押は「義」の一字体であった。ここで佐藤進一氏による花押の形状の分析[44]に倣いながら、執権に就いた人物の花押をまとめると【表】のようになる。この表からも分かるように、一三世紀半ばまでの執権は時政型の花押を使用し、それ以後、第八代執権時宗（一二五一～一二八四）以降の執権には義時型を用いる者も現れる。時政型から義時型への交代は時宗のころに意図的になされたものなのか、それとも単なる偶然によるものか、現段階では詳らかにし得ないが、仮に社会情勢の変化や、子孫による時政・義時への評価の変化といった何らかの背景が存在するのであれば、花押研究の新たな方向性が開かれることも期待されるだろう。

図６　一条兼良花押

加えて、【表】内に参考として挙げた久時（一二七二～一三〇七）のように、時政型から義時型に変わった事例も存在する。久時は六波羅探題に在任した正応年間（一二八八～

【表】　北条氏歴代執権花押

執権順位	1	2	3	4	5	6
時政型（生没年）	時政（一一三八～一二一五）		泰時（一一八三～一二四二）	経時（一二二四～一二四六）	時頼（一二二七～一二六三）	長時（一二三〇～一二六四）
義時型（生没年）		義時（一一六三～一二二四）				

執権順位	7	8	9	10	11	12
時政型（生没年）	政村（一二〇五～一二七三）				宗宣（一二五九～一三一二）	
義時型（生没年）		時宗（一二五一～一二八四）	貞時（一二七一～一三一一）	師時（一二七五～一三一一）		熙時（一二七九～一三一五）

執権順位	13	14	15	16	参考
時政型（生没年）	基時（不明～一三三三）			守時（不明～一三三三）	久時（一二七二～一三〇七）
義時型（生没年）		高時（一三〇三～一三三三）	貞顕（一二七八～一三三三）		久時

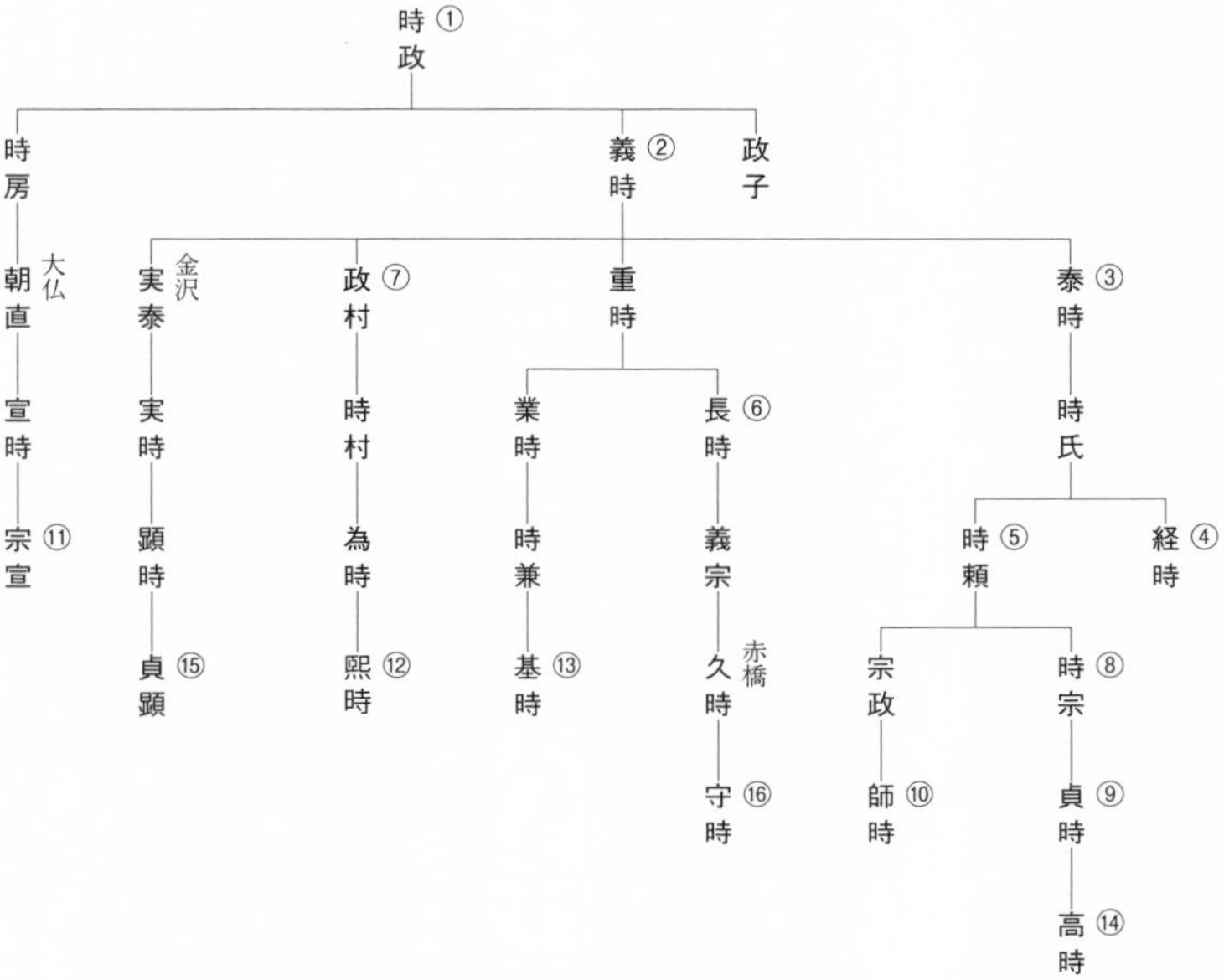

北条氏略系図（筆者作成）
※系図中の丸数字は第何代執権かを示す

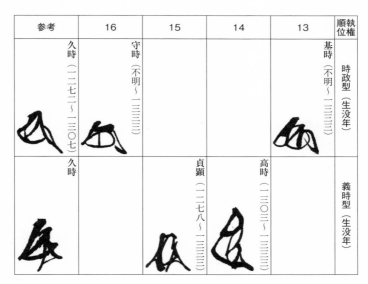

一二九三）末から永仁四年（一二九六）までは時政型の花押を用い、その後正安元年（一二九九）には義時型の花押に変化している。この変化にいかなる意図が働いたのかなど、執権以外の北条氏の花押も視野に入れて検討することにより、当時の政情や、各自の置かれた状況を一層鮮明に捉えることが可能になるものと思われる。

　こうした北条氏の事例に顕著にみられる、父祖や主君のものを基にしたかたちの花押を使用するという武家の風習は、室町時代に至ると基にするものが、政治的権威のある者の花押へと変わっていく。例えば足利尊氏は、北条時政のかたちを基に、初名の「高氏」の「高」の文字の一部を組み込んだ花押を使用した（図7）。そして歴代将軍をはじめとし、室町時代の武士の多くはこの尊氏の花押を祖型とした、足利様と呼ばれる花押を用いたのである。なお佐藤氏によれば、足利様の花押の中にも階層や政治的立場による相違がみられるという[45]。さらに江戸時代には、花押の類型のひとつである明朝体が流行する。先にも触れたところではあるが、徳川家康がこのかたちの花押を用いたことから、江戸時代には徳川将軍家はじめ一般武士の間で広く使用され、徳川判とも呼ばれた。

図7　足利尊氏花押

花押と実名

　このように武家では、父祖や主君のものを基にした花押を用いる風習から、時の政治的権力者のものを基にした権威志向的な花押の使用へと変化を遂げながら、時代ごとに決まったかたちの花押が流行した。ただし全体の作りとしては類似した花押を用いつつも、細部には個人ごとの特徴がみられ、実名の一部を用いたものも少なくはなかった。そうした意味では平安時代の花押にみられた、花押と実名との関係性を残しているといえるだろう。

　だが同時に、武家の花押では実名から離れた花押の使用もみられるようになる。再び室町時代のことになるが、第三代将軍足利義満は、先の足利様の花押とともに、当時上層の公家が用いた、菱形を基調として図形化したかたちの花押も使用した。足利尊氏の花押を基にして作成した足利様の花押を武家様花押と呼ぶのに対し、こうした上層の公家の花押のかたちに倣ったものを公家様花押と呼び、義満以降の室町幕府の将軍では、武家様と公家様の二種類の花押を使い分ける傾向がみられる（図8—1・2）。そして義満は、朝廷から三位に叙せられ、公卿《くぎょう》といわれる、朝廷の高官に列したことを契機に公家様の花押を用い始めた。そのため二様の花押は、南北朝合一を果たし、事実上朝廷をも支配下に置いた義満に代表されるような、公武両面の性格を有した室町幕府の在り方を象徴するものと捉えられる。

加えて注目すべきは、公家様花押の作成にあたって義満や第六代将軍義教（一三九四〜一四四一）が「義」の字を基にしたのに対し、第四代将軍義持（一三八六〜一四二八）は「慈」の字を基にしたということである（図8—3・4）[46]。このときは「将軍たるの地位にふさわしい徳目」という意味から「慈」の字が選ばれたと考えられているが[47]、花押に実名から離れた文字を使用する動きは、その後一層の広がりを見せることになる。

さらに戦国時代後期から安土・桃山時代に至ると、それまで武家の主流となっていた足利様とは異なる新たな花押が登場する。実名の文字を倒置したものや裏返したもの、さらには実名のほか苗字や通称をも含めて組み合わせたも

図 8-1　足利義満
武家様花押

図 8-2　足利義満
公家様花押

図 8-3　足利義教
公家様花押

図 8-4　足利義持
公家様花押

図 9-1　織田信長花押「麟」

図 9-2　豊臣秀吉花押

の、実名を用いず、通称の文字のみで作成したものなどが現れたのである。

また一字体の花押の中には、実名から離れ、自身の理想や願望を示す文字等を用いた事例も登場し、織田信長（一五三四～一五八二）は「麟」を、豊臣秀吉は「悉」を基にした花押を作成している（図９―１・２）。先述のとおり、足利義持は「慈」の文字を基にした公家様花押を用いたわけだが、それはこうした花押の先駆けともいえるだろう。

加えて事例は少ないが、花押の分類時に紹介した別用体の花押も、花押が実名から乖離する流れの中に位置付けることができる。鳥のかたちのものなど、実名はもとより文字とさえ無関係な図形を基にした花押が用いられるようになったのである。

自署から生まれたという花押の由来を思い起こせば、苗字・通称や、実名とは無関係の理想や願望を示す文字、さらには図形を使用するなど、こうした新しいかたちの花押は実名に基づくという花押発生時の大原則が崩れつつあることを示している。これは花押が自署から発展したものという意識を希薄にするものであり、後述の、ハンコが再登場する流れに関わってくることになる。ただし自署と花押との関係を考える上で、一つ留意すべきことがある。同時期に実名の文字を倒置したものや、裏返したものが作成されていることを踏まえると、花押の本来の目的は依然として意識されていたものと思われる。それというのも、実名の文字の向きを変える方法は、花押の偽造や盗用の防止を目的として行われていたと考えられるためである。具体的な事例は後ほど紹介するが、こうした花押を用いた戦国大名は自身の花押のかたちを頻繁に変えており、偽造や盗用に細心の注意を払っていたことが窺える。つまり文書の内容を保証し、文書に証拠能力を付与するという、自署から派生した花押の本来の目的は、時を経てもなお維持されていたとみるべきであろう。

（5）花押の重要性と実用性

花押の重要性

ここまで花押の分類や変遷、実名との関係性をみてきたが、そもそも中世の人びとにとって花押はどのようなものであったのだろうか。

まず、花押は元服以前には持つことができないものであり、幼少の者が文書を発行する際は、幼名とともに、幼少のため花押が記せない旨の断り書きを加えた。[48]当時、実名は元服してはじめて持つことができたため、本来、実名から作られるものであった花押もまた、元服しなければ所持できなかったのであろう。このほか中世社会では、元服によって一人前の人間として人格が認定され、訴訟の権利など、個人としての権利能力を有するようになった。このことを踏まえ、元服してはじめて持つことが認められた花押と権利能力との結び付きの強さも指摘されている。[49]加えて鎌倉幕府の六波羅探題や第一五代執権であった金沢貞顕（一二七八～一三三三）の書状[50]には、物忌の最中であることから花押を記すのを遠慮する旨の断り書きがみられた。また先述のとおり、署判の位置は差出人と受取人の関係性などにより、書札礼で規定されていた。これらの事柄から窺えるのは、花押が自筆によって記されることを受けて、署記者を表象するもの、ひいては人格を映すものとみなされていたのではないか、ということである。

さらに花押は、幕府行事でも重要な位置を占めた。鎌倉幕府では将軍の代始めや改元等の際に、奉行が作成した文書に将軍が花押を据える儀式が行われ、吉書始《きっしょはじめ》と称した。室町時代には、将軍の代替わり後に新たな将軍がはじめて御教書《みぎょうしょ》に花押を記す儀式を「御判始《ごはんはじめ》」と呼び、そのほかの吉書始と区別するようになる。御教書とは、公卿と呼ばれる高位の人びとやそれに準ずる人びとの命令を伝える文書であり、武家では権威を持つ様式であった。[51]なお江戸幕府では正月の政務始の儀式として、老中の首席から順次に花押を記す年中行事のことを「判始」と称しており、これらの儀式の存在からも、武士にとって花押がいかに重要なものであったかが窺える。

併せて花押が重視されていたことの裏付けとしてもうひとつ、血判という行為を紹介したい。これは指など身体の一部を傷つけて流れた血液を花押に注ぐ行為であり、早くは南北朝時代にその事例が確認され、江戸時代まで行われた。南北朝時代のものは使用した血液の量が少ないものの、血判が盛んに行われた戦国時代では大量の血液で花押を覆うものもみられ、さらには花押そのものを血液で記したものまで現れる。花押に血液を注ぐというのは日本独自のものであるが、こうした行為もまた、花押と人格との結び付きや、重要性を示すものとして注目される。

そもそもこのように花押が重要視された背景としては、二（4）で述べたごとく、文書発行の主体が組織から個人へと変化し、行政の公文書にせよ個人の契約文書にせよ、重要事項を記載した文書が多く発給されるようになったことが挙げられるだろう。自己の権利、権益を守るために文書は不可欠であり、そうした文書の内容を保証する手段として用いられた花押は、筆記者の人格を投影するものと認識され、儀式化するまでに重んじられたと考えられるのである。

花押の利便性・実用性

個々の権利を証明し、保持するために作成され、伝えられたものが文書であるということは、その文書自体と、文書の内容を証明するハンコや花押の偽造は重罪とされた。偽の文書は謀書、偽のハンコや花押は謀判と呼ばれ、謀書の罪は律では遠流に処され、御成敗式目（貞永式目・関東式目）では、侍の場合は所領没収、所領のない者は流罪（遠流）、凡下の輩（庶民）の場合は顔に焼き印を押す火印とされた。江戸時代でも公事方御定書にて主謀者は引回しの上獄門（さらし首）、共犯者も死罪とされ、明治以降は刑法に文書偽造罪、印章偽造罪が規定された[52]。

このような厳しい取り締まりは、裏を返せば文書の偽造が絶えなかったことを示しており、そうした状況において、花押は文書の真偽判断の上でも重視された。しかし花押は肉筆によるものゆえ、同一人物によるものであっても、長年使用するうちに書風に変化が生じてくることも珍しいことではなかった。また、改名や出家、さらには政治的地位の変化等を契機に、意図的に改変されることもあった。そのため、わざわざ年代ごとの花押の変化を明確にし、後日、正式な文書が花押の相違を理由に謀書と誤解されることがないよう、書き留めた文書まで伝わっている[53]。

また武家を中心に、花押の模倣・偽造を防ぐために幾度も花押の改変を行った事例がしばしば確認される。例えば織田信長は生涯のうち一〇回前後も花押を改変している。先ほど紹介した信長の花押は「麟」の文字を使用したものであったが、そのほかにも様々な趣向が凝らされたものがみられ、天文二一～二二年（一五五二～一五五三）ごろに使用した花押（図10）は「信長」の二字の草書体を倒置し裏返したものであるという[54]。信長のように頻繁に花押を改変するのも、花押の作り方に様々な趣向を凝らすのも、いずれも主たる目的は花押の偽造防止であり、時代が経つにつれ花押のかたちが特殊性を帯びていく流れは、こうした意図の積み重ねによるものであったと推測される。

図10　織田信長花押「信長」

花押は筆で記すものであるがゆえに、それ自体を模倣されないよう工夫を凝らし、かつ改変などの措置を講じることも容易であった。そうした意味で、花押は文書を保証する重要なものであるとともに、幅広い人びとが文書を作成する社会にあっては、利便性や実用性も兼ね備えたものであったといえるのではないだろうか。公武双方の実権を握った足利義満が武家様と公家様という二種類の花押を持ち、用途に応じ使い分けていたことなども、花押の利便性を示す事例のひとつといえるだろう。

（6）花押のシンボル化

ハンコ化する花押

偽造防止のために様々な趣向が凝らされてきた花押であるが、その結果として、自署から発生したという意識が希薄になっていった。さらには足利様の広まりにみられるような、多くの武士が近似したかたちの花押を用いる流

図11　大友義鎮・義統花押

図12　上杉謙信花押

れによって、花押を権威の象徴として捉える動きが生み出された。そして自署に由来するとの意識が薄れ、かつ権威の象徴となった花押は、やがてそれ自体が踏襲されるようになる。北条氏や足利氏は一族間で同型の花押を使用したが、個人の識別がなせるよう、その中に各自異なる要素を含めていた。けれども一六世紀に入ると、まったく同じ花押を親子間で踏襲する事例が現れるようになる。戦国大名の大友義鎮《おおともよししげ》（宗麟《そうりん》）（一五三〇～一五八七）・義統《よしむね》（一五五八～一六〇五）の父子は、義鎮から義統への家督の譲与時に、花押も受け継がせているのである（図11）。花押の譲与後、義鎮がその花押を用いることはなく、以後は義統の花押として用いられており、これは花押が個人を識別するものとしてではなく、家督の地位の象徴として認識されたことを如実に示す出来事といえる。

そもそも花押は、個々人の肉筆、筆跡による個別性によって独自性を有していた。本人にしか書けないもの、という前提が存在したわけだが、自署から乖離し権威の象徴となった花押は、個々人の筆跡の独自性ではなく、形状の個別性を以て機能するようになったのである。言い換えれば筆跡による区別ではなく、その形状のものを使用しているのが誰であるのかが判明すれば問題はない、ということである。花押は本人の手によって記されるもの、という大原則が崩れ、その形状によって文書の発給者が誰であるかを示すという機能が強調されるようになったといえるだろう。大友氏で花押が家督の地位と結び付けられて譲与の対象となったのも、このような変化によるものと考えられる。

こうして筆跡による独自性が薄れた花押は、本人の自筆である必要性を失い、筆順も読み取れない幾何学的な形状のものも現れる。さらには花押の代筆や、花押のかたちをハンコとして作り、押す事例までみられるようになる。例えば越後の戦国大名上杉謙信の場合は、花押（図12）をかたどったハンコが現存しており、重要文化財に指定されている。また江戸時代には、仙台藩第三代藩主伊達綱宗《だてつなむね》（一六四〇～一七一一）のものなど、花押の輪郭のみのハンコを作り、それを押した上で中身を墨で塗り潰す事例も現れた。こうして花押とハンコとが近似したものとなるにつれ、ハンコの性質もまた、律令制下のものとは異なる様相を呈してくる。それは四で扱うが、その前に花押と識字能力との関係性について考えておきたい。

個性のない花押

花押は自筆で記すものであり、そもそもは実名の文字を基にしていたため、識字能力のない者の使用は困難であった。庶民層の花押は書きやすい単純な形状のものが多くみられたが、それも難しい場合は略押《りゃくおう》という、簡略な符号を使用した。二（3）で紹介した、奈良時代から鎌倉時代前期に使用された画指に代わり、平安時代以降は手印や拇印も用いられ始めたが、それらとともに略押も使用された。この略押はひとつないし複数の〇を筆で記すもので、自署の代替としての機能を有していた。

略押は一〇世紀ごろから現れ、多数の庶民が連署した文書にてしばしば確認される。そのほか、一三世紀半ばころからは筆印（筆軸印）と呼ばれる、筆軸の先端箇所に墨を付けて押すものも用いられるようになった。略押は一筆で〇を書くのに対し、筆印は●のように黒丸になり、周辺には墨汁のにじみや飛散がみられる点に特徴がある。画指は指の関節間の長さなど、個人の識別につながる要素を含むものだが、略押や筆印は極めて無個性であり、その形状で署記者を特定することは不可能であった。ではなぜこのような無個性のものが使用されたのか。薗部寿樹氏は、その理由が署判の場にあるという[55]。つまり、公文や僧侶など識字能力のある者が村の依頼を受けて文書を作成し、記名まで済ませたものを用意する。その文書に、村の寄合に集った村人が順に署判を加え、字の書けない者は略押や筆印を行った。そしてその場に集い、略押や筆印を行う様子を見ていた人びとが、それらが本人の意思によってなされたものであることの証人になったというのである。個人が文書発給の主体になった時代、庶民層でも文書を作成する必要性が高まる中、識字能力の有無は不可避の問題であっただろう。そうした問題への対処として、人びとは「場」にて保証する手段を編み出したのではないだろうか。

一方で識字能力とは無関係に、個性のない花押を使用した集団もみられる。鎌倉時代に宋・元から来日した禅僧や、宋・元への渡航経験のある日本の禅僧は、直線・円・点などの組み合わせによる、極めて単純なかたちの花押をもたらした。こうしたかたちの花押は禅僧様と呼ばれ、南北朝・室町時代の禅僧の間で用いられた。法諱の文字を基にするというよりも、符号に近いかたちをしているこれらの花押には、禅僧風の寓意がこめられたと考えられている。しかしこれらが禅僧以外の集団に広まることはなく、ごく限定的な使用に留まった。

四　個人のハンコの時代

（1）花押からハンコへ

版刻の花押と元押の影響

律令制から荘園制の時代へと変わり、文書発行の主体が組織から個人へと移行する中、公家と武家との間で使用頻度や範囲に差こそあれ、文書を保証する手段として普及したのが花押であった。自署から発展した花押には、模倣を防ぐために様々な趣向が凝らされ、結果として実名から離れてシンボル化し、ハンコに近似したものとなっていく。そうして三（6）でみたように、花押のかたちをハンコにして墨を塗って押すものや、花押の輪郭のみのハンコを作り、それを押した上で中身を墨で塗り潰すものなどが現れたわけだが、一方で花押のかたちの変遷とは異なる要因によって、花押をハンコ化する動きも存在した。これもまた、中世のハンコを捉える上で看過できない事柄である。ここでは中世に起こったハンコの普及の背景を、花押のかたちの変遷、花押のシンボル化以外の要素からみていこう。

花押のかたちをハンコとして押した用例は、既に鎌倉時代から確認される。初見としては永仁三年（一二九五）、某寺に納入された供米の請取状に、版刻にして墨を塗って押された花押がみられる。[56] これは供米を請け取った証として押されたものと考えられるが、こうした請取状は規格の定まった簡単な文書として同時期に多数発行するものであったことから、それら一枚一枚に花押を記す手間を省くための便宜的な方法として、版刻の花押が用いられたと推察される。花押は自筆によるものという原則が根強い時代に、あくまで限定的な使途であったとはいえ、早くも効率化を求めて花押を版刻にする動きがみられたことは注目に値する。そしてこうした事例の存在が、後の世でシンボル化した花押がハンコと近似していく動きを後押ししたのではないだろうか。さらには、個人が大量の文書を発給する頻度が高まるにつれて、花押を版刻にする効率性が、時代に適合するものとして受け入れられたとも考えられる。

やがて室町時代には、宋・元にて使用され元押《げんおう》と称される、上方に姓を、下方に花押を刻した、長方形の木製印の影響を受けたと思われるハンコの使用例も確認される。例えば早期の事例としては、文明一八年（一四八六）の熊野御師《おし》大石光陽坊幸済のものが挙げられる。これは将棋の駒のかたちをした木製のハンコで、「幸」の文字の下に花押を刻したものである。加えて文禄三年（一五九四）には、安土桃山時代から江戸時代初期の武将である浅野忠吉《あさのただよし》（一五四七～一六二一）が横長の方形で、上方に「忠吉」の二文字を、下方に花押を刻したハンコを使用している。実名と花押の双方を刻したハンコの登場は、社会ではまだ花押が必要とされていたことを示しつつも、自署に発した花押に代わって「記名・捺印」の習慣へと移行していく過程をも映し出しているように思われる。

個人のハンコの登場

実名と花押との関係性が薄まり、花押の本来の意義が失われていく様子は、一五世紀に至ったころから顕著になり、戦国時代にかけてハンコが隆盛期を迎えることになる。花押からハンコへと移行する過程において、花押のかたちをハンコにしたもの、または花押を印文のようにみなしてハンコに取り入れたものなどが使用されたのである。さらには花押をハンコ化したものではなく、花押以外の印文を刻したハンコが、自署・花押の代わりとして多用されるようになる。ここで重要なことは、これらの事柄が、個人を示すハンコが使用されるようになったことを意味している点であろう。

そもそも律令制におけるハンコは公印が主であり、私印は原則として認められていなかった。そのことが花押の使用が広まった背景にあったわけだが、そうであるならば個人を示すハンコの使用は、律令制の衰退後長い時を経るうちに、ハンコの位置付けに変化が生じたことを意味するのではないだろうか。花押のハンコ化とともに捉えるべきこの過程を、続いてみていくことにしたい。

律令制で規定されたハンコは中世に至ってもなお存続したが、それとは異なる系譜のハンコも現れた。それは宋・元からの渡来僧によって日本にもたらされた私印文化が、鎌倉時代中期の禅僧によって紹介され広まったというものである。例えば臨済宗の渡来僧蘭渓道隆《らんけいどうりゅう》（一二一三〜一二七八）や、京都東福寺の開山となった円爾《えんに》（一二〇二〜一二八〇）によるハンコの使用が確認されるほか、鎌倉時代後期には曹洞宗など、臨済宗以外の禅宗諸派でもハンコが用いられるようになり、禅宗に帰依した武士も私印を用いるようになった。この時期のハンコには、蔵書印や鑑蔵印としての使用法と、従来の公印のように文書の記載内容を保証するための使用法との二通りの用いられ方があったものの、いずれにしても自署や花押の代用として押されるものではなかった。

しかし一四世紀末に至ると、ハンコを自署や花押の代わりに押す事例が現れる。鎌倉時代の禅僧が個性のない花押を用いたことは三（6）にて触れたとおりだが、南北朝時代から室町時代にかけて、禅僧は花押に代わり捺印を行うようになった。至徳四年（一三八七）五月の円覚寺黄梅院の奉加帳には、臨済宗の僧侶春屋妙葩《しゅんおくみょうは》（一三一一〜一三八八）が「春屋」のハンコを、義堂周信《ぎどうしゅうしん》（一三二五〜一三八八）が「義堂」のハンコを押しており、これが禅僧による、花押に代わる捺印の初見とされる。[57]

俗人では長享元年（一四八七）の駿河守護今川氏親（幼名は龍王丸）（一四七一〜一五二六）のものが早期の事例であ

るが、これは父義忠の戦死を受けて元服以前に家督を継いだために、花押の代わりにハンコを用いたものであった。また、氏親の妻である寿桂尼《じゅけいに》（不詳～一五六八）は「歸（帰）」という印文の独自のハンコを使用した。「歸」は「とつぐ」の意味とされているが、これは女性には一般的に実名がないためにこのような文字を用いたと考えられている。(58) 寿桂尼は氏親が病に臥すと代役として「氏親」のハンコを使用して政務を担い、氏親が没すると「歸」のハンコを用いて文書を発行したという。戦国時代には、夫の死後に家父長権を相続した妻が家中で大きな権限を持ったことが知られており、ハンコはそうした社会的背景にも合致するものであったと考えられる。

このように俗人における個人のハンコは、はじめ元服以前の者や、通例花押を使用しなかったとされる女性などが使用したとみられるが、そうしてハンコの使用頻度が高まるにつれ、元服後の男性、すなわち実名を有する者も実名を刻したハンコを用いるようになる。今川氏親の例を挙げるならば、氏親は元服後も、元服以前のハンコを用い、同時に「氏親」という実名を刻したハンコも使用した。ここからは、花押を持たない者が花押の代用としていたハンコを、実名を示すものとして用いるようになる流れが垣間見られるであろう。

こうして禅僧から広まった個人のハンコは、当初は自署・花押の代わりではなかったものの、禅僧や花押を持たない者の間で花押の代わりとして用いられるようになり、やがて花押を持つ者も自署・花押の代わりにハンコを押すようになった。このような用法の拡大は花押のハンコ化と並行して起こっていたと推察され、花押の本質が意識されなくなり、本人を示す記号とみなされるようになる中で、個人のハンコの使用が定着していくことになったのではないだろうか。

（2）中世におけるハンコ

ハンコと花押の軽重

こうして花押とハンコとが併用される時代になったわけだが、では両者はどのように使い分けられていたのであろうか。まず明確にいえることは、花押とハンコの使用場面をみていくと、花押のほうがハンコよりも上位であり、厚礼であったということである。

例えば戦国武将の島津義久（竜伯）（一五三三～一六一一）の書状[59]には「藤原竜伯」の朱印が押されており、その追而書《おってがき》と呼ばれる、本文を書き終わった後に改めて書き足した文章には、「猶々当時所労故愚判不二罷成一候間、近来乍二慮外一印をおし候」とある。つまり本来花押を据えるべきところ、病気のため慮外ではあるが捺印をした、と相手に失礼を詫びる文言を添えているのである。戦国時代から江戸時代初期にかけては、病気や事故などによって花押を記せない際にハンコを押す事例がみられ、その場合には先のような理由を示す断り書きが添えられている。これらは、先述の今川家の事例で、元服以前の者や女性など、花押を有さない者がその代わりとしてハンコを使用したことと、背景を同じくするものであろう。すなわち花押が衰退しハンコが普及する時期にあってもなお、花押が正式なものであり、ハンコはその代用と認識されていたのである。

花押を「重」とし、ハンコを「軽」とする考え方は、版刻の花押の使用にも裏付けられる。花押のかたちをハンコにしたもの、または花押を印文のようにみなしてハンコに取り入れたものなどが用いられたことは再三述べてきたとおりだが、戦国時代に至ると、それらは花押型・花押印などと称されて使用された。こうした版刻の花押もハンコと同様、病気などで筆を執ることが叶わない場合や、本人の不在により夫人が代理人になった場合などに押された。したがって、あくまで花押を記すべきではあるが、それが不可能な場合に版刻の花押を以て代替としたのである。

花押とハンコとが併用された時代におけるこれらの事柄を通して明らかになるのは、書札礼の上で双方の間に存在した軽重はもちろんのこと、社会を構成する多様な存在、それぞれ異なる環境に置かれた者への対処に苦心した人びとの姿である。花押は文書が本人によるものであることを証明するものであったが、実名を有するということが花押を持つ大前提にあったため、時代が移ってもなお元服前の者や女性は花押を所持していなかった。そうした人びとのうち、一定の身分や立場を有した者が文書を発行しようとした際、ハンコを花押の代わりに用いることによって問題の解決を図ったのではないだろうか。また、花押は所持するものの自筆で記すことが叶わなくなり、ハンコでは礼を失する虞があった場合などには、花押型・花押印と呼ばれる版刻の花押を用いたと考えられる。ハンコよりも花押が上位と認識される社会において、人びとはそれぞれが抱える問題や礼の厚薄とのバランスをとりながら、様々な手段を講じていったのである。

印判状の使用

こうして個人のハンコの使用頻度が高まる中、一五世紀の武家社会に「印判状」と呼ばれる文書の様式が現れる。これは花押の代わりにハンコを押した文書であり、中世では花押のことを「判」もしくは「書判」と呼んだのに対し、ハンコのことを「印判」と呼んだことに由来する。鎌倉・室町幕府関係の武家の文書は、寺院関係の文書などの例外を除き、原則すべて無印文書であったが、花押に代わりハンコを押す文書が現れると、戦国時代に急速に広まった。印判状は宋代禅林のハンコの影響を受けたものであって、武家階級出身の禅僧やその信仰者の間から生まれたものと考えられている。そしてはじめは尾張以東の東国地方で用いられ、それを使用していた織田信長が上洛したことで京畿地方に広まり、豊臣秀吉の天下統一によって全国的な使用をみるようになったと推察される。

印判状の初見は、先述の今川氏親（当時は龍王丸）による長享元年（一四八七）一〇月二〇日付のもので、黒印が押されている。また、同じく氏親の永正九年（一五一二）三月二四日付の印判状には朱印が押されており、これが朱印の印判状では初見とされる[60]。ここで印肉について確認しておくと、律令制下でのハンコの印肉は朱色（丹色）であり、黒印の使用は中世以後のことである。黒印の登場背景には、版刻の花押を押す際に、筆と墨とで記す花押に倣って墨を用いたことが影響したのではないかと推測するが、いずれにせよハンコとしては、朱印が黒印に対して優位であった。また、印肉の色によって朱印状・黒印状と区別し、印判状はその総称である。黒印状は私信や軽微な用途のものなど略式の文書に用いられ、政に関する指示・命令には朱印状を使用した。なお印判状は国際文書としても用いられ、豊臣秀吉や徳川家康は、異国渡航許可の御朱印状を発行して朱印船貿易を行った。

このほか戦国大名は命令を発する際、発給者の花押を署した判物《はんもつ》と呼ばれる文書を用いた。「判」すなわち花押を署した文書ということからこのように呼ばれたわけだが、この名称はハンコを押す印判状が普及したことの裏返しとして現れたものと考えられる。印判状が多用される中で、直筆の花押が記された判物は代わりのきかない、特別なものとみなされるようになったのである。書札礼の上でも、印判状は簡略な文書に用いられる略式のものであり、対する判物は鄭重な書式と捉えられた。ここにもまた、ハンコと花押との軽重の差が投影されているといえるだろう。

さらに印判状が広まった社会的背景としては、南北朝時代以降、守護などの勢力が幕府から自立する傾向にあったことが挙げられる。将軍の命令を伝えるのみならず、自ら土地の安堵などを行うようになると、彼らの命令を伝える文書の必要性が高まり、領国支配の要として大量の文書を発給するようになった。そこで、その都度文書に花押を記すことを回避し、合理性・効率性を求めてハンコを押した印判状を多用するようになったと推察される。その反動で、直筆の花押を記す判物は鄭重な文書と捉えられるようになり、この認識は江戸時代にも引き継がれることになった。すなわち印判状の普及は、幕府からの自立を志向する守護や戦国大名の勢力の伸張に伴うものであった。個々の大名が領国支配を行う上で文書の発給量が増えたことに加え、戦陣の中でより簡便な手段が求められたこともあり、効率的な印判状が重宝されたと考えられるのである。

また、こうしたハンコの利便性を如実に示すものとして、判紙《はんがみ》の使用が挙げられる。判紙とは、あらかじめ花押もしくはハンコを据えた白紙のことであり、戦国時代を中心に、江戸時代末まで用いられた。判を据えるべき当人が遠方に滞在中の場合や、盲目である場合などの特殊な状況下で、あらかじめ花押またはハンコを据えた白紙を準備しておき、必要に応じて判主の嫡男か腹心の部下が代理で文書を完成させ、発給するといった方法がとられたのである。こうして出された文書は判主発給の文書と同等の効力を有するとされ、原状が分かる料紙やハンコとしては、上杉謙信のものなどが伝来している。印判状や判紙の登場は、まさに文書の発給量の増加に伴い、文書作成の効率化を追求した結果と捉えられるだろう。

（３）戦国大名のハンコ

個性的なハンコ

印判状に象徴されるように個人のハンコが普及する中で、日本史上ハンコの花形と呼ばれる、戦国大名の個性的なハンコの数々が登場する。一族同士や主従間で類似した形状のものを使用していた花押に対し、印判状に押されたハンコには特徴的なものが多くみられる。ここではそうした個性的なハンコの数々をみていこう。

特に東国の戦国大名が多く用いたハンコであるが、それらにみられる大きな特徴としては、方形以外のかたちであることが挙げられる。律令制下で使用された、天皇御璽や太政官印、諸国印などのハンコは方印で、朱色（丹色）の印肉を以て押された。これは中国に由来した形式であり、印面には漢字四字がみられる。この形式のものは、明の永楽帝の勅書にみられる「廣運之宝」、琉球国王文書の「首里之印」など、東アジア漢字文化圏で広く使用されており、長らく公的な権威の象徴と捉えられていたという。(61)

それに対し、戦国大名は実に多様な形式のハンコを用いた。従来のハンコの形式を踏襲したとみられるものは北条氏の「虎の印判」であり、漢字四字印文の朱方印のかたちをとっている。例えば北条氏の歴代当主は「禄壽應穏」の

図13　北条氏印「祿壽應穏」印影

四字を刻み、方形の枠外上部に虎の絵を配したものを使用した（図13）。枠外に虎の絵が付くのはこれまでのものにはみられなかったかたちであるが、小島道裕氏はこうした動物の表現もまた、東アジア漢字文化圏のハンコを意識した結果と考える[62]。「漢委奴国王」印にみられるように、東アジア漢字文化圏のハンコには、つまみの部分である鈕《ちゅう》が動物のかたちをしたものが多く存在した。その影響を受け、鈕の動物の部分を印面に組み込んだのではないかと推察するのである。

続いて織田信長の「天下布武」印をみていくが、これは漢字四字の印文である点で東アジア漢字文化圏のハンコと共通している。一方で形状としては、当初は楕円形の朱印、次に馬蹄形の朱黒両印、最終的には二疋の竜で囲むデザインの円形の朱印となる（図14―1・2・3）。いずれのかたちも広義での丸印と捉えられるが、その中に現れる形状の変化が意味することを考えてみたい。

その考察に先立ち、今一度印判状と判物の用途を振り返ってみると、ハンコを押す印判状は略式であり、直筆の花押が記される判物は鄭重な書式であった。印判状は厚礼を要さず、同文の文書を同時に多数発給する場合などに用いられ、判物は対等以上の礼儀を払う必要のある場合、もしくは家臣への恩給に関する文書など、主従制の根幹に関わるものに用いられた。信長もまた、初めは略式の文書に印判状を用いたが、勢力の拡大とともに本来は判物を用いるべき他の大名との通交文書でも印判状を使用するようになり、天正（一五七三～一五九二）以後はほぼ印判状のみを使用し、判物はみられなくなるという[63]。発給文書におけるハンコの使用範囲が信長の勢力と比例して拡大していくことは、力関係を可視化する手段の一つとしてハンコを用いたものと捉えられ、戦国大名とハンコの関係性を示す興味深い事例といえる。

さて、「天下布武」印の形状の変化についてだが、二疋の竜で囲むデザインの丸印に象徴されるように、勢力の伸張とともに精巧で特徴的な印面に変化していくことが分かる。これもまた、ハンコによって権威付けを図る意識の表れと捉えられるだろう。すなわち、勢力の伸張とともに使用範囲が広がるハンコを精巧なデザインのものとすることによって、そこに権威の象徴としての意味を持たせたと考えられるのである。

そしてハンコに権威の象徴としての役割を持たせることは、信長のみならず、戦国大名の間で広く行われていた。彼らのハンコの多くは大型で、様々な特徴を有するかたちや印文・図柄による、独自性の強いものである。その理由としては、印判状を用いるような略式の文書であっても、発給者の政治的権威を持たせなければ有効に機能しなかったため、権威を具現化するものとして、趣向を凝らしたハンコを押す必要があったものと推察される。信長の場合は示威行為の対象が他の大名にも及んだが、そのほかの大名も領民等に対し、ハンコを以て権威を示そうとしたのである。また北条氏や織田信長のように、印文に理想・願望を示すことばが用いられたことは、ハンコに政治的意志が込められたことも意味している。花押の文字に、実名とは無縁の理想や願望を表すものを選んだことと背景が同じであるならば、彼ら戦国大名は自身の政治的理想・願望を広く知らしめる役割をハンコに期待したのではないだろうか。

こうして個性的なハンコが次々と生まれる中[64]、信条や歴史的風土を表現したものも現れる。例えばキリシタン大

図 14-1　織田信長印「天下布武」(楕円形)印影

図 14-2　織田信長印「天下布武」(馬蹄形)印影

図 14-3　織田信長印「天下布武」(二疋の竜)印影

図 15-1　大友義鎮印
「IHS FRCO」印影

図 15-2　黒田長政印
「Curo NGMS」印影

図 15-3　細川忠興印
「tada uoqui」印影

名の大友義鎮は、所属した教団のイエズス会の当時の記号「ＩＨＳ」（Iesus Hominum Salvator、「イエズス人類の救済者」の意）と、自身の洗礼名のフランシスコ（Francisco）の略「ＦＲＣＯ」を組み合わせたハンコを用いた（図15—1）。こうしたローマ字のハンコは南蛮字印と呼ばれ、黒田長政（一五六八～一六二三）や細川忠興（一五六三～一六四五）も使用した（図15—2・3）。

そのほか、伊達政宗が使用した一二種類ものハンコの中には、東北地方の縄文晩期に作られた亀ヶ岡式土器を象ったようなデザインのものがある（図16—1）。亀ヶ岡遺跡とは、現在の青森県つがる市にある縄文時代晩期の遺跡で、精巧な土器や土偶、漆器といった遺物が豊富に出土している。その出土土器の多様性から、「亀ヶ岡式土器」の名称は、東北地方の晩期縄文土器の総称として用いられるほどである。令和三年（二〇二一）に、「北海道・北東北の縄文遺跡群」のひとつ（亀ヶ岡石器時代遺跡）としてユネスコ（国連教育科学文化機関）による世界文化遺産に登録されたことは記憶に新しい。この亀ヶ岡遺跡から焼き物が出土することは江戸時代初期には既に知られており、瓶《かめ》が多く掘り出される土地という意味で、「瓶ヶ岡」と呼ばれるようになったことが地名の由来であるという。[65] 政宗はこの遺跡の発見に影響を受けたものと考えられ、政宗のほかにも、最上義光《もがみよしあき》（一五四六～一六一四）や葛西晴信《かさいはるのぶ》（生没年不詳）（図16—2・3）など、同時代の東北地方の大名には、亀ヶ岡式土器を題材としたハンコを使用した者が複数確認される。これらの事例より、ハンコには時事的な話題を基にしたデザインのものや流行があったことも窺えるだろう。

さらには、印文を持たない絵図のみのハンコも現れる。例えば武田晴信（信玄）（一五二一～一五七三）は印文がなく、

図16-1　伊達政宗印「威伝」印影

図16-2　最上義光印印影

図16-3　葛西晴信印印影

龍の絵図のみの丸印（図17―1・2）を使用した。これは実名や政治的理想等を印文で表さず、自身によるものであることを示すための、記号としての機能に特化したハンコといえるだろう。一方で龍の絵図の複雑さは、織田信長や他の戦国大名と同じく、ハンコによる権威付けという意図があったことを示している。

公印か私印か

このように個性的なハンコが様々用いられた戦国時代だが、小島道裕氏によるとこうした丸型のハンコの登場は、花押の代替としての私印（個人印）という性格を意識したものであるという[66]。東アジア漢字文化圏の中で、公的な権威の象徴として長らく用いられてきた方印に対し、戦国大名のハンコは、個人を示すものである花押の代替として現れてきたことから、丸印など、方印以外の形状を有したと推察されるのである。しかし朝廷や幕府といった中央集権的な力が弱体化し、戦国大名個人が権威を持ち領土を治める時代に至ると、もとは私印であった大名のハンコが公的な意味を有するようになる。戦国大名が用いたハンコが公印であったのか私印であったのか、次にこの点を考えてみよう。

まず小田原の北条氏の例を挙げるならば、北条氏には公印と私印との区別がみられた。先述の「虎の印判」は北条家の家印として用いられ、氏綱・氏康・氏政・氏直の四代の当主に受け継がれた。これに対して当主個人のハンコはそれとは別に作成されており、例えば氏康（一五一五～一五七一）の私印には、方形のものと壺形の形状のものとがあった（図18―1・2・3）。このことから北条氏では、家印と私印とをそれぞれ作成し、用途に応じて使い分けていた

図 17-1　武田晴信印印影

図 17-2　武田晴信印印影

ことが判明する。甲斐の武田晴信の龍の丸印が次代の勝頼（一五四六〜一五八二）に受け継がれるなど、実名を刻まないハンコが代々受け継がれる事例は北条氏以外にも確認される。しかし、そうしたハンコの形状は必ずしも方形とは限らず、また用途に応じて公私を明確に区別するという点で、北条氏は殊のほか厳格に扱っていたものと思われる。

また、北条氏は押印の位置も他の大名とは異なっており、日付の上部、一部日付の文字に重なるような位置に押していた。小島氏によれば、この押印の仕方は明の皇帝の文書にもみられるものであり、東アジア漢字文化圏に共通した様式であったという。北条氏がこうした知識をいかにして入手したのかは解明されていないが、自らの権威を示すという目的の一環として取り入れたものと推測されている。北条氏が公印と私印の双方を作成し、また押印の位置に明の様式を取り入れたことは独自性の強い動きではあるものの、大局的にみればハンコに権威の象徴としての意味を持たせようとする動きと考えられ、戦国大名個人が領土を治めるために講じた手段のひとつであったと捉えることができるだろう。

このように公印・私印の別を設けた北条氏のような大名がみられる一方で、多くの戦国大名のハンコには私印としての性格が色濃く表れている。先に挙げたとおり、丸印など、方印以外の形状であることもそうした要素の一つであるが、そのほか押印の位置からも、私印としての性格を読み取ることができる。北条氏の押印の位置は既に述べたところだが、今川氏は文書の書き出し部分の上方に、武田氏は日付にかけての下方、もしくは文書の袖と呼ばれる右の余白に押印を加えた。また、上杉氏・織田氏・豊臣氏・徳川氏・島津氏・大友氏等は日付の下に捺印を行った。文書の書き出し部分の上方や袖は花押の袖判の、日付の下は日下署判の位置であることから、花押の代用としてハンコが

図 18-1　北条氏康印「武栄」印影

図 18-2　北条氏康印「厳」印影

図 18-3　北条氏康印「機」印影

押されたことを示している。[67]

したがって、戦国大名のハンコは花押の代わりとしての位置付けで用いられることが多く、私印としての性格が強いものであったといえる。けれども戦国大名という個人が領土を治める時代にあって、個人を示すしるしとしてのハンコを捺印した文書が随所で公的な機能を果たすようになった結果、そこに押されたハンコもまた、公印の役割を有するようになったと考えられるのである。

（4）近世のハンコ

庶民に広まるハンコ

戦国時代に各大名が領土の支配を行うようになり、利便性と権威の象徴としての両面から、ハンコは東国を中心に広く用いられるようになった。さらに私印の性格の強いハンコが公的な役割を果たす文書に用いられたことで、公的な文書に保証を加えるものとして、個人のハンコが機能するようになっていく。こうして使用場面が拡大したハンコは、江戸時代には庶民層にまで浸透するようになる。ここではそうした江戸時代のハンコの様相をたどっていくが、ハンコの歴史を捉える上でこの時代に注目すべきは、ハンコが庶民にまで普及したという点であろう。様々な地域の文書から百姓の印影が確認され、これらは百姓印と呼ばれている。

江戸時代にハンコが百姓の間で普及した背景として、千葉真由美氏は近世村請制のあり方、および商品貨幣経済の浸透を挙げている。[68]村請制とは、村役人を通じて、村ごとに年貢や諸役を上納させる支配方法のことであり、村と領主との間で帳簿などの文書を交わす頻度が増したことと比例して、百姓の押印の必要性が高まったという。加えて一七世紀後半以降、商品貨幣経済が浸透したことによって、土地の質入れや借金に関するものなど、様々な証文が作成されるようになるが、こうした文書は差出人名や宛名も含めて、同一の筆で記されることが多く、個人が意思表示をする機会は押印の場面に限定されていた。そうした意味で、押印は庶民層にとっても個人の意思を表明する行為として重要なものとなっていくのである。

一方、文書への押印の機会が増すにつれ、文書の偽造や押印の不正も増加していくことになる。三（5）で触れたように、こうした行為に対して、江戸幕府は、「謀書謀判の罪」として厳罰に処した。一七世紀中期には、謀判の罪は流罪から死罪、獄門へと、寛保二年（一七四二）制定の公事方御定書では主謀者は引廻しの上獄門、共犯者も死罪と、厳罰化していった。千葉氏によると、こうした支配層からの規定もまた、ハンコを使用する重要性を強く意識させることになったという(69)。

さらに江戸時代は、現代社会における実印の印鑑登録と同様に、ハンコの届け出が必要であった。名主・年寄（組頭）は代官に、町人・百姓は名主・年寄に印影を届け出なければならず、「印鑑帳」などの帳簿に登録し管理した。そしてこうして届け出たハンコは、五人組帳や宗門改帳といった、重要な帳面に捺印された。これらの帳面に遺された印影によって、当時の百姓印がどのようなものであったか、その具体像を明らかにすることができる。続いてその様相をみていきたい。

百姓印の使用実態には地域差があるとされているが、ここでは時期ごとに変化する使用実態の、おおよその傾向を摑むための手がかりとして、多良郷、現在の岐阜県養老郡上石津町の五人組帳に押された印影を分析した、笹本正治氏の論考(70)に基づいてみていくことにする。笹本氏の考察によれば、当初は村方三役を中心にハンコが所有されていた。しかし寛永～万治年間（一六二四～一六六一）の五人組帳に、五人組帳に押したハンコ以外の所持を禁ずる旨が記されていることから、五人組帳の作成をきっかけとして、寛永一一〜一二一年（一六三四〜一六四四、一二月に正保と改元）のころに、百姓によるハンコの所有が全国的に広まったことが推測されるという。また、当初は長方形を中心とした方印が多く、墨によって捺印していたが、一七世紀半ば以降はほぼ丸印に限定され、黒色の印肉が用いられるようになる。そして百姓はまずイエ単位でハンコを持つようになり、イエの代表者である当主が男女問わず使用した。そのためハンコはイエの象徴とみなされ、親のハンコを子が相続する事例もみられたというが、江戸時代中期以降はイエではなく、個人単位でハンコを所有するようになる。なおこのことは、ハンコの印文の変化からも窺うことができる。一七世紀末以降は「福」・「宝」・「栄」といった家の繁栄を願う吉祥文字一文字のハンコであったが、これは、百姓が当初イエ単位でハンコを所持したことから、家運を左右する呪術的な効果をハンコに求めたことの表れと捉えられている。こうした思想は、ハンコを持ち主の分身とみなして、吉となる彫り方をするという現代の印相観念にも通ずるものがあるだろう。しかし一八世紀以降には個人の実名による二文字のハンコになり、直径も一五ミリメートル程度と、現代のハンコに近似したかたちをとるようになる。こうした変化によって、ハンコが個人を示すものとなったことが判明するのである。

加えて、製作者にも変化が生じた。一六世紀後半から一七世紀半ばまでは、百姓が各自でイエを区別するためのハンコを自作していたが、一七世紀半ばから一八世紀前半には「印判師」、「判子屋」と呼ばれる専門の職人が彫ったハンコの使用が多くみられるようになる。印判師は江戸・京都・大坂の三都を中心に活動しており、実名を考える「名乗改」も行っていた。彼らが、ハンコは本人そのものを示し、一人一代限りのものであると宣伝したことも相俟って、ハンコが使用者個人を象徴するものという意識が強まっていったと考えられる。

こうして江戸時代には支配者層のみならず、百姓・町人にまで広くハンコが浸透した。現代社会は、多くの人々が様々な場面で日常的にハンコを使用することから「ハンコ社会」と呼ばれるが、江戸時代はその原型となった時期といえるであろう。だがその反面で、寛永年間（一六二四〜一六四五）辺りからは、百姓・町人による花押の使用が急速に減少する。江戸時代におけるハンコの普及は、花押の使用範囲を限定していくこととなるのである。

江戸幕府将軍のハンコ

百姓・町人にハンコが普及する過程はここまでみてきたとおりだが、続いて支配者層においてハンコがどのような位置付けにあったのか、花押と比べながらみていくことにする。江戸時代に至っても、武家を中心に花押はハンコよりも格式の高いものと捉えられていた。徳川将軍家はじめ一般武士の間では、徳川家康の花押の類型である明朝体が流行し、徳川判と呼ばれたことは先述のとおりである。しかし印判状が広く用いられるようになった反動で、花押の使用頻度は激減することになる。ハンコの普及とともに百姓・町人による花押の使用が減少する様子と流れを同じくして、武家社会においても一般の公文書ではハンコを使用し、花押は幕府や藩に提出する誓紙といった、特別な場合のみに用いられるようになった。すなわち花押は、幅広い立場の人びとが日常的に使用するものではなくなり、限られた階層の者が、特別な場面でのみ使用するものに変化していったといえる。

次に江戸時代の武家の代表的な事例として、将軍が用いたハンコをみてみよう。江戸幕府の将軍が用いたハンコの概要については近年、西光三氏によってまとめられており[71]、ここでは同氏の論考に倣って紹介していく。

江戸幕府における将軍のハンコには「御本印」と「御裏印」、そして「外交印」の三種類が存在した。御本印は御実印とも称され、直径約四七ミリメートルの正円形のハンコである。第三代将軍家光（一六〇四〜一六五一）以降、印面には将軍の実名二文字が刻まれた（図19—1・2・3）。御裏印は、将軍発給文書にて複数の料紙を使用する際、文書偽造を防ぐために料紙の裏側の、継目の部分に押すものである。縦約二六ミリメートル、横一三ミリメートルの長方形で、印面には将軍の実名から、反切《はんせつ》と呼ばれる方法[72]で定められた漢字一文字ないし二文字を刻した。なお、御本印と御裏印にはともに象牙を用い、御本印は朱印であり、御裏印は黒印であった。

このように御本印は丸印、御裏印は黒印であることに加え、ともに将軍の実名を刻むという点で、従来の私印としての性格を帯びるものであったといえる。他方で江戸時代は、家康が天下統一を成し遂げ幕藩体制を築いたことから、戦国時代とは異なり集権的国家が形成された。ではそうした状況を踏まえながら、将軍のハンコの役割をいかに捉えるべきだろうか。西氏は、幕藩体制が将軍と諸大名との主従関係を基礎にするものであることから、これらのハンコは私印の性格を有しながらも、公印としての機能を果たしていたと考える。将軍の代替わりがあれば、諸大名は新しい将軍との間に改めて主従関係を結びなおし、その際発給される領知安堵状には御本印が捺印された。つまり、将軍と諸大名との個人間の契約が幕藩体制の根底となっていることから、御本印・御裏印はともに私印であったというのである。それと同時に、将軍のハンコが押された文書は、将軍を頂点とする幕府組織の意思を知らしめるものでもあった。そのためそれらの文書は、将軍個人と幕府組織の双方の意思を示すものとなり、御本印や御裏印といった将軍のハンコは私印でありながらも、公印の役割を果たすことになったと推察される。したがってこれらのハンコの性質は、集権的国家として機能する一方で、従来の武家社会における主従契約に基づく封建制を根幹とするという、幕藩体制の性格そのものを象徴するものといえるだろう。

さらにこうした江戸幕府の性格は、幕末期の外交印にも顕著に現れる。幕末期、諸外国との条約締結の必要に迫られた幕府は、外交文書に押すための銀製の外交印を製作した。第一四代将軍家茂（一八四六～一八六六）と第一五代将軍慶喜（一八三七～一九一三）とが使用したものは、印面に「文を経《たていと》とし、武を緯《よこいと》とする」、つまり文武

図 19-1　徳川家光印
「家光」印影

図 19-2　徳川吉宗印
「吉宗」印影

図 19-3　徳川慶喜印
「慶喜」印影

両道を意味する「経文緯武《けいぶんいぶ》」[73]と刻まれたハンコであった。これは平成二九年（二〇一七）に徳川宗家の蔵の中から発見されたもので、縦・横九二ミリメートル、印面から鈕までの高さは七八ミリメートルと大きく、正方形であった。

正方印というかたちは、東アジア漢字文化圏の国印の形状に倣ったものとみられ、国書に押すべき国印としての位置付けが強く表れている。そして国印であることから、御本印や御裏印とは異なり、将軍の代替わりがあっても作り替えられることなく受け継がれるものとされた。すなわち、幕藩体制の主従関係に裏付けられて公印としての機能を有した御本印や御裏印に対し、その体制の外にある諸外国との条約締結時に用いるべきものとして、外交印の「経文緯武」印を製作したのである。将軍個人のハンコである御本印等では果たすことのできない、国家の意思を示し保証する機能を担わせるために、国印である「経文緯武」印が必要とされたといえるだろう。

この「経文緯武」の印影は、安政六年（一八五九）二月一五日作成の日米修好通商条約批准書[74]などにみられる。同条約批准書では、外国掛老中脇坂安宅《わきざかやすおり》（一八〇九～一八七四）が自身の名の下に花押を記している。そして、徳川将軍家の本姓である源氏姓と実名からなる「源家茂」の名の下に、国印の「経文緯武」印が捺印されている。脇坂安宅が花押を記しているのは、この文書の重要性によるものであろう。国家間の最重要文書であるからこそ、ハンコよりも厚礼である花押を用いたものと思われるが、では家持の押印は何を意味しているのだろうか。

そもそも「経文緯武」印は、幕藩体制の外にある、諸外国との契約を行う必要が生じたことに応じて作られたものであった。そのため、東アジア漢字文化圏に共通する形式のハンコを作成することによって、国際基準に則った姿勢を示そうとしたと考えられる。また批准書は、条約に関する国家の確認・同意を示す文書であり、国家元首が署名するものであった。したがって、家持の署名と「経文緯武」印の押印とによって、日本の国家元首が将軍であることを国際的に示そうとしたものと捉えられる。国印の作成・使用は、国際社会に参加する日本の国家元首に将軍を位置付けるという意味を担っていたのである。

また、こうして幕末期に国際的な場で国印が用いられるようになったことは、ハンコ自体の位置付けにも影響を及ぼしたであろう。百姓・町人と武家の双方で、個人のハンコの使用範囲が広がる中、ハンコと花押との間にみられた軽重の関係性にも、徐々に揺らぎが生じたものと推察される。その一方で、「経文緯武」印が「源家茂」の名の下に押されている形式にも留意すべきだろう。戦国大名にもみられた、花押を据える位置にハンコを押す行為は、花押の代替としてハンコが用いられたことの名残と考えられる。国家元首の氏名の下に押印する形式は、明治時代以降の批准書にも引き継がれ、今日では代表者の個人名の後ろに公印を加えるという形式が、様々な組織の文書で一般的に用いられている。「ハンコ社会」の原型を築いた江戸時代の文書の形式が、現代社会にも影響を与えているわけであるが、元を正せば、それは花押を記す際の形式であった。ハンコと花押との軽重に変化が生じる中にあってもなお、両者の密接な関係性は随所に確認され、それは現代社会にもつながっているのである。

（5）「ハンコ社会」の確立

明治時代のハンコ

江戸時代、百姓や町人の間にまで広がりをみせた「ハンコ社会」であるが、この江戸時代からの慣習は、明治時代の法令の規定によって成文化され、公的に確立する。

明治四年（一八七一）太政官布告[75]の「諸品売買取引心得方定書」では、取引の約定書の書式が示され、そこでは売主、買主、証人の三者すべてに捺印を求めている。また、庄屋や年寄に印影を届け出て「印鑑帳」にまとめ、いつでも照合できるようにしておくことが定められた。その翌年には実印を他人に預けることを固く禁ずるとの太政官布告[76]がなされたほか、明治六年には婦女子で一家を相続した者は、公私ともに証文に自身のハンコを使用することとの太政官布告（第一八四号）[77]が出され、これによって、女性のハンコの使用が法令上も容認された。

加えて、同じく明治六年七月の太政官布告（第二三九号）[78]では、同年一〇月一日以後の証書には爪印・花押などではなく、必ず実印を用いることとし、実印のない証書は裁判上証拠とならないと定めた。この布告は捺印によって文書の証拠能力が発生することを決定付け、社会的・経済的権利の行使のためには実印を所持することが必要であるとの意識を人びとに根付かせる上で、大きな役割を果たした。同布告は明治一二年に廃止されるものの、実印の役割と重要性とを確かなものとした。

さらには明治一〇年七月七日の太政官布告（第五〇号）[79]では、諸証書の姓名は必ず本人が自署し、かつ実印を押すことが必要であり、もし他人が代書した場合でも必ず実印を押し、また、代書した者も代書の理由と姓名を記した上で実印を押すよう定めた。この目的は証書への自署を求めることにあったが、布告を策定した明治政府の司法省はその理由として、実印では偽造や盗用の弊害があるため、自署に切り替えるべきと考えるが、国民はまだ自署に慣れていないことからハンコを併用するのがよいとしたという。しかし大蔵省や銀行から、自署と捺印との併用は実務上煩雑であるとの抗議が起こり、同年九月七日の太政官布告（第六四号）[80]にて、自署と実印の双方が必要となる証書は民事上の契約書に限定される。また司法省からも、金融関係証書については「記名捺印」を認める通達が出されることになった[81]。国民が自署に慣れていないという課題を背景とした一連の動きによって、ハンコの証拠能力は大いに強化され、それと同時に、花押が重であり、ハンコが軽であるとする古来よりの認識が、初めて覆されることとなったのである。

その後、条約改正や商法制定時に捺印から署名への切り替えの動きが起こるものの、明治三三年法律第一七号[82]にて「商法中署名スヘキ場合ニ於テハ記名捺印ヲ以テ署名ニ代フルコトヲ得」と定められたことにより、記名に捺印を加えることによって自署と同等の効力を有するものになるという概念が、法制度上形成されることになった[83]。

現代の御璽・国璽と花押

こうして、明治時代に入り初めて花押とハンコとの軽重の関係性が逆転し、記名捺印を以て自署に代えることができるようになった。さらに現代社会では、不動産登記などの重要な手続きに際しては市区町村への印鑑登録を済ませた実印が不可欠であり、この場合は自署よりも実印が重視されることになる。こうして近代以降、ハンコの位置付けが大きく変わっていったわけであるが、そうした変遷を経ながら今日まで用いられ続けているハンコと花押の一端として、御璽と国璽、国務大臣の花押とを挙げたい。

はじめに御璽についてだが、御璽とは天皇が所持するハンコのことであり、養老令から規定がみられ、皇位の継承とともに引き継がれる。印文は「天皇御璽」であり、明治維新後に製作された、縦・横九〇・九ミリメートル、重さ三一・五五キログラムの金の方印が今日まで用いられている。戦前は内大臣府が保管していたが、現在は宮内庁の侍従職が保管し関係事務を司っている。戦後の日本国憲法において、天皇は「国政に関する権能を有しない」(84)とされ、国家的事務に関する行為としては、憲法第六条・第七条に規定された国事行為のみ認められるようになった。その国事行為のうち、御璽は詔書、法律・政令・条約の公布文、条約の批准書、大使・公使の信任状・同解任状、全権委任状、領事委任状、外国領事認可状、認証官の官記・同免官の辞令、四位以上の位記などの公文書に対して、天皇が加えた自署の下方に捺印される。

続いて国璽をみていく。慶応三年（一八六七）の大政奉還によって政権が江戸幕府から朝廷に戻ると、国家を表象するハンコである国璽が製作され、天皇が所持することになった。養老令にて規定され長く用いられてきた御璽に加え、新たに国璽が作られた背景としては、幕末以降の国際社会との関係が挙げられる。先述のとおり、幕末期の国際社会への参加を機に将軍が用いた「経文緯武」印は、国印としての機能を果たすものであった。これが下地となり、明治時代以降も国家の意思の表明に際しては国印を用いるべく、国璽が製作されたのである。

明治元年（一八六八）正月、印文が「大日本国璽」である石の方印が初めて使用され、同七年には純金製で縦・横八九ミリメートルの方印に改められて、現在に至る。大日本帝国憲法下では外交文書、国書、勲記などに押され、国際的な場で使用するという「経文緯武」印からの流れが色濃く残っていたが、日本国憲法下では勲記のみに用いられるようになった。なお国璽も御璽と同じく、現在は宮内庁の侍従職が管理している。

幕末以来の国際社会とのかかわりの中で製作された国璽であったが、戦後の日本国憲法下ではその使用が勲記に限定され、ほぼその機能を失うことになる。私見ながら、そこには天皇の役割の変化が影響しているのではないだろうか。戦前の大日本帝国憲法下では、天皇は主権者であり万世一系・神聖不可侵の存在であった。緊急勅令の発布や大臣の任命など、帝国議会に諮らずに行使できる天皇の大権事項も広範囲に及んでいた。それに対し戦後の日本国憲法では、「天皇は、日本国の象徴であり日本国民統合の象徴[85]」と規定された。御璽のところでも触れたとおり、この象徴天皇制の下で、天皇は国政に関する権能を有さず、国家的事務に関する行為は国事行為に限定された。加えて天皇の地位は「主権の存する日本国民の総意に基く」、「天皇の国事に関するすべての行為には、内閣の助言と承認を必要とし、内閣が、その責任を負ふ[86]」と定められた。そのため、「御璽の捺印＝天皇の意思表示」、という戦前までの御璽の機能が失われ、御璽の捺印は国民の総意および内閣の承認・責任によるものとなり、国家の意思を示す国璽と同等の機能を果たすようになったものと考えられる。そうした変化を背景に、国事行為の大半に御璽が使用され、戦前に国璽が捺印されていた外交文書や国書にも御璽が用いられるようになったことから、国璽の使用場面は勲記に限定されることになったものと推察されるだろう。大日本帝国憲法下に引き続き、日本国憲法下でも勲記のみに国璽が押され続ける理由をここで詳らかにすることは叶わない。しかしながら、御璽という天皇を表象するハンコが国事行為に使用されるのは、日本国憲法によって天皇の存在自体が国家の象徴と位置付けられたからこそ認められることであり、御璽と国璽との境目が曖昧になった表れと捉えられるのではないだろうか。このように考えると、明治時代から

写真　勲記（右）と国璽印影（左）（巽成生氏提供）

現代に至るまでの御璽と国璽の使い分けなどを詳らかにすることによって、国権の在り方を探る一助となる可能性も浮上する。

そのほか勲記の文面に目を向けると、例えば勲四等の場合、写真のように「日本国天皇は（受勲者氏名）を勲四等に叙し瑞寶章を授与する」という文言の後、「（年月日）皇居において璽をおさせる」とあり、用紙の中央部、やや上方に「大日本国璽」が捺印される。そして、その国璽の印影の左側に授与の年月日、ならびに内閣総理大臣と総理府賞勲局長の氏名と職印がみられる。押印の位置や先の文言からは、勲記が国璽の印影を授与することも役割に含んでいる様子が窺えるだろう。無論国璽を押すことの第一義の役割は、勲章を授与するという文書の内容の保証であるが、押された印影自体にも意義が付されていることは注目に値する。ハンコそのものや印影によって権威付けを図るという意図は、「漢委奴国王」の金印から始まり戦国大名のハンコにもみられたものだが、今日のハンコにも通じているのである。

さて、本節の最後に、現代の花押についても触れておこう。自署の代わりとして発生した花押は、長い間ハンコよりも重きを置かれてきた。だが、江戸時代に庶民層が様々な証文を用いるようになる中で、花押よりも簡便なハンコが普及することになった。また、幕末期には国際的な場で国印が使用され、明治時代以降の法令の整備によってハンコの証拠能力が高まると、花押とその位置を交代した。今日では日常生活で花押を使用する機会はほとんどみられず、自身の花押を所有する人も限られるだろう。そうした中、明治時代以降も花押を使用し続けているのが、歴代の国務大臣である。

閣議で決定された案件に関しては閣議書が作成され、各国務大臣は記名された自身の名前の下に花押を記す。昭和二二年（一九四七）公布の「内閣法」第一条第二項によると、「内閣は、行政権の行使について、全国民を代表する議員からなる国会に対し連帯して責任を負う[87]」ことから、閣議の議決は多数決ではなく全員一致が原則であり、花押を記すことによって、その意見の一致を確認する。これは法令等で規定されているものではないが、長年の慣行により続けられているという。内閣総理大臣が、「内閣の重要政策に関する基本的な方針その他の案件を発議する[88]」場である閣議において花押が用いられ続けていることは、近代化を遂げる中でも花押を所持することの意味が完全には失われず、今日では特別性すら備えるかたちで残っているといえるのではないだろうか。

五 「ハンコ社会」とデジタル化

(1) デジタル化と「脱ハンコ」

行政手続きのデジタル化

令和元年（二〇一九）末以降、世界中で猛威を振るう新型コロナウイルス感染症（ＣＯＶＩＤ－19）は、日本社会にも多大な影響を与えた。未知なる感染症を前に非接触・非対面型の活動が推奨され、近年目覚ましい進展を遂げるデジタル化の活用が促進された。その際、行政や企業間での各種手続きにて行われていた押印という行為が、非接触・非対面の活動の妨げになるとされ、「脱ハンコ」を求める動きが盛んになった。そしてその影響は、「ハンコ行政」とまで歌われた各行政組織にまで及ぶことになる。

しかしながら、デジタル技術はコロナ禍前から既に進歩し続けており、行政手続きにおける押印の廃止を求める動きもそれ以前より存在した。(89) 平成二八年（二〇一六）一二月、「官民データ活用推進基本法」（平成二八年法律第一〇三号）が成立し、行政手続きのオンライン利用の原則化など、官民データの適正かつ効果的な活用に資する各種施策の推進に政府が取り組むことが義務付けられた。そして翌年五月に策定された「デジタル・ガバメント推進方針」（平成二九年五月三〇日高度情報通信ネットワーク社会推進戦略本部・官民データ活用推進戦略会議決定）では、国民・事業者の利便性の向上のために、デジタルを前提として、行政の在り方そのものを見なおすデジタル・ガバメントの実現を目指すことが示された。

こうして「行政のデジタル化」が叫ばれる中、「官民データ活用推進基本法」・「デジタル・ガバメント推進方針」にて掲げた目標を具体的に実行するために、平成三〇年一月には「デジタル・ガバメント実行計画」が策定された。一月一六日の初版では、「政府における各種手続では本人確認に押印を求める場合が多く、オンライン化に当たっての課題となっている。押印に関しては、技術の進展による偽造容易性も踏まえ、各手続における本人確認等の手法としての必要性を再確認するとともに、押印などによる本人確認が求められる場合には、原則、電子的な確認手法への移行を目指すとともに、利便性と安全性をバランスした解を見出すことが必要である。(90)」とあり、当初から「脱ハンコ」の方針が示されていたことが分かる。その後同計画は、同年七月二〇日のデジタル・ガバメント閣僚会議、令和元年一二月二〇日閣議にて、改定されたものがそれぞれ決定されている。さらには令和二年九月に菅義偉内閣が発足し、河野太郎行政改革担当大臣が行政手続きにおける認印の全廃を打ち出すと、同年一二月二五日には新型コロナウイルス感染症への対応時に浮上した課題を反映させ、改定したものが閣議決定された。

以上の経緯から判明するように、新型コロナウイルス感染症の流行によって「脱ハンコ」が脚光を浴びたものの、実際のところは、デジタル技術の進展に伴ってハンコをデジタル化の弊害と捉える動きはコロナ禍以前より起こっており、対策が検討されていたのである。けれども当時はコロナ禍でみられるような、「脱ハンコ」への気運の高まりには至らなかった。

実印と認印

その背景にある、デジタル社会でのハンコの役割について、最後に、ここまでみてきたハンコと花押の歴史を基に考察する。ただしその前提として、今日の日本社会で一般的に用いられている、実印と認印の相違点や効力に関して確認しておきたい。

まず実印は、居住地の市町村長に印影を届け出ておくことで、必要に応じ印鑑証明書の交付が受けられるハンコのことである。個人が届け出るハンコはひとつに限られており、大きさも八ミリメートルより大きく、二五ミリメートル四方より小さいものと定められている。印鑑証明書との照合によって、文書の作成者が本人であることを証明することができるため、不動産登記や公正証書の作成など、重要な取引にあたって使用される。一方で認印は、実印ではない個人のハンコのことである。印鑑証明書の発行は受けられず複数個の所有も可能であるため、実印ほど重んじられることはないが、捺印に関する法的効力は実印と同等とされている。

では続いて、ハンコとデジタル化の関係性を捉えなおした上で、デジタル社会においてハンコが果たす役割に関して検討を加えることにする。

(2) ハンコとデジタル化

ハンコのデジタル化

ハンコとデジタル化の関係性を捉える上では、まずデジタル化の方向性を抑えておかなければならない。デジタル化には、大きく分けて①対象となるモノ自体のデジタル化と、②システムのデジタル化の、ふたつの方向性が考えられる。そこにハンコを当てはめるならば、①ハンコ自体をデジタルに変化させる、②押印という行為が不要となるシステムをデジタルによって構築する、ということになるだろう。そこでこのふたつの方向性について、順に考えていくことにする。

はじめに①ハンコ自体をデジタルに変化させるということでは、押印した紙の文書をスキャナーにかける、もしくはデジタルカメラで撮影するなどしてデジタルデータ化する方法や、印影の画像をデジタルデータとして作成し、デジタルの文書上に添付する、といった方法が該当する。前者の場合、多くは原本となる押印済みの文書の存在が前提となっており、その保管が義務付けられることになる。本来文書というものは、宛先の人物が原本を受け取ってはじめて意味を成すものであるが、この場合は控えに当たるものが宛先に渡り、原本は差出人の手元で預かるというかたちになるため、後日宛先の人物が原本を必要とした際には、差出人から必ず交付を受けられるという条件の付与が必要となるであろう。次に後者は、宛先の人物に文書の原本が渡されるものの、印影の画像データが安易に複製できる状態の場合は、その保証能力に疑問が生じる虞がある。近年注目を集めている電子印鑑はこの方法に含まれるが、法的効力を有するためには一定の条件が必要となる。そこで、その条件に関する法律をみていこう。

紙に押す従来のハンコは、「民事訴訟法」第二二八条第四項の「私文書は、本人又はその代理人の署名又は押印があるときは、真正に成立したものと推定する[91]」との規定から、法的根拠が保証されている。なお「真正に成立した」とは、本人の意思に基づいて作成されたという意味であり、署名やハンコが作成者の意思表示、文書の内容の保証を行うものであることを定めていることが分かる。これに対して電子印鑑は、平成一三年（二〇〇一）四月施行の「電子署名及び認証業務に関する法律」第三条「電磁的記録であって情報を表すために作成されたもの（公務員が職務上作成したものを除く。）は、当該電磁的記録に記録された情報について本人による電子署名（これを行うために必要な符号及び物件を適正に管理することにより、本人だけが行うことができることとなるものに限る。）が行われているときは、真正に成立したものと推定する[92]」との条文によって担保される。つまり電子署名がなされてはじめて、電子印鑑は法的効力を有することになる。

ここでいう電子署名とはデジタル署名とも呼ばれるものであり、単に電子的に行うサインのことではなく、インターネット経由で交わされるデータが、正当な相手から送られたもので、改竄や偽造がなされていないことを示す手法のことである。こうした電子署名について、先の「電子署名及び認証業務に関する法律」では、第二条にて以下のように規定する。

この法律において「電子署名」とは、電磁的記録（電子的方式、磁気的方式その他人の知覚によっては認識することができない方式で作られる記録であって、電子計算機による情報処理の用に供されるものをいう。以下同じ。）に記録することができる情報について行われる措置であって、次の要件のいずれにも該当するものをいう。

一　当該情報が当該措置を行った者の作成に係るものであることを示すためのものであること。

二　当該情報について改変が行われていないかどうかを確認することができるものであること。

すなわち作成者の表示と、改変の有無の確認が可能であるという条件を満たすことによって、電子署名は紙の文書における署名や記名・押印と同等の法的効力を有すると定められている。電子印鑑を押す上でも、この条件を満たした電子署名を加えなければ、法的効力が認められないのである。

システムのデジタル化

続いて、②押印という行為が不要となるシステムをデジタルによって構築する、との方向性について考察する。官民問わず、公的な文書に押印を求めてきた慣例を改めようという「脱ハンコ」の動きは、まさにこの方向性に該当するものである。しかしこの「脱ハンコ」も、目指す先は必ずしもひとつではない点に留意しなければならない。ここではその主だったものとして、紙の文書への押印に該当するような、デジタルデータの文書の内容を保証するシステムの構築と、押印による文書への保証を求めない方針の二点について検討を加えていこう。

先にみてきた、電子署名によってデジタルデータの文書に法的効力を付す方法は、まさに紙の文書への押印という行為に代わるシステムの構築といえる。ただし電子署名による文書の法的効力は、「電子署名及び認証業務に関する法律」にて規定されていたにもかかわらず、コロナ禍に至るまで広く注目を集めることはなかった。加えて、本法律で文書に法的効力を持たせると規定されているのは、電子署名という手法であり、文書に電子署名が付与されてさえいれば、印影の画像データは必要ないことになる。しかし実際は、印影の画像データを用意した上で電子署名を付すという、二重の手間をかけるケースも多くみられる。これは日進月歩のデジタル技術に対して、人びとの認識や制度面の整備が追い付いていないことによるものと推測されるだろう。電子署名という、まだ登場して間もない技術への不安を解消するために、社会的慣行として馴染みのある、「押印による保証」のかたちを模しているのではないだろうか。

一方で、押印による文書への保証を求めないという方針を代表するのが、令和二年（二〇一九）に河野太郎行政改革担当大臣が提唱した、行政手続きにおける認印の全廃であろう。これは認印が印鑑登録を行わず、複製が容易なものも多いことから、各手続きにあたっての認印の押印を廃止し、業務の効率性を高めることを目的とするものである。ただし、不動産登記などの重要な手続きにおいては引き続き実印を押すことが求められるため、すべての押印を取りやめるということではない。また認印を廃止した手続きにおいても、本人確認書類の提示のみならず、提出書類に自署（自署のできない場合は記名・捺印）を求めることが多く、押印に代わる自署などの方法で、文書の内容に対する保証は不可欠なものとされていることが分かる。

（3）デジタル社会におけるハンコ

文書の社会的信用とハンコ

では、ここまで概観してきたハンコと花押の歴史を、今日のデジタル社会に投影するといかなることがみえてくるのか。四（5）で述べたごとく、今日では花押を日常的に使用することはない。そのため、現代社会における考察の対象はハンコが中心となるが、ここまでみてきたとおり、ハンコと花押との間には軽重の差や使用者の違いこそ存在するものの、両者は本質的には同等の役割を果たしてきた。そのため、歴史を振り返って考察する際には、ハンコと花押の双方を視野に入れて検討を加えることにする。

まず、ハンコのデジタル化や「脱ハンコ」の動きを捉えなおす過程で浮上するのは、文書に対する社会的信用をいかに担保するか、といった課題と切り離すことができないということである。紙に記されたものであれ、デジタルデータとして作成されたものであれ、文書が社会・経済活動のあらゆる面で不可欠なものであることには変わりがない。公私問わず、特に重要な契約については文書の法的効力の有無が問題となる点は、古代社会以来揺らぐことのない事象といえる。すなわち、文書は権利の行使による社会・経済活動を保証するものであり、その文書への社会的信用の付与という機能を担ってきたのが、ハンコや花押であったといえる。

古代の律令国家からはじまり、長い歴史を通して一貫していたハンコと花押の役割は、個人や官職、組織などハンコを押す、花押を記す主体が、その文書の内容を認める意思を示すことであった。したがってハンコが押された、もしくは花押が記された段階で文書はその内容が固定され、確かなものとなるのであり、用いられたハンコや花押の所有者は、その文書の記載内容に対して責任を負うことになるのである。そのため、文書の内容とその効力を担保するハンコ・花押の偽造は社会・経済活動の信頼性を阻害するものとして、重罪に処されてきた。謀書・謀判の罪は、律の遠流にはじまり、御成敗式目では侍は所領没収もしくは遠流、庶民は火印、公事方御定書では主謀者は引回しの上獄門、共犯者も死罪と、時代が下るにつれ厳罰化していく。このことは謀書・謀判を企てる者が後を絶たなかったことの表れであり、人びとが文書の正当性の保証に苦心した様子を窺い知ることができる。

そして現代社会においても文書の偽造・変造は罪に問われる行為であるが、その罪状には押印の有無が大きく影響する。現行の刑法では、第一五五条第一項・二項にて、有印公文書偽造罪・有印公文書変造罪に一年以上一〇年以下の懲役が、第一五九条第一項・二項にて、有印私文書偽造罪・有印私文書変造罪に三月以上五年以下の懲役と、いずれも厳しい罰則が定められている。これに対し、無印公文書偽造罪・無印公文書変造罪は、同第一五五条第三項にて三年以下の懲役または二〇万円以下の罰金、無印私文書偽造罪・無印私文書変造罪は、第一五九条第三項にて一年以下の懲役または一〇万円以下の罰金と規定されており、有印か無印かによって、刑罰の重さに明確な差が存在している。先述のとおり、押印によって文書に法的効力が付されることは法律で規定されている。そのため上記のような罪状の違いが生じるのであり、「脱ハンコ」の動きが加速する一方で、法制度にて規定される押印の重みは依然として変わるところがないといえる。

またこれらの刑罰は、文書が国や地方公共団体などの公共機関の責任下で作成するものか、私人間で交わされるものかによって罪状も量刑も異なるわけだが、いずれにせよ、ともに文書の偽造や変造によって、文書が有する信頼性を棄損したことを罪に問うものである。つまり社会・経済面のあらゆる場面で交わされる文書の社会的信用を守るためのものであり、ハンコによって内容が保証された文書の偽造・変造は一層罪が重くなる。押印による保証のかたち、目に見える形での社会的信用、安心感が必要とされる背景は、こうしたところにあるのではないだろうか。

ハンコの受容性

このように、文書は個々人の権利を証明し、保持するために作成され、伝えられるものである。文書が社会活動の根底をなすものである以上、そこには社会を構成するすべての人々が関わるのであり、決して取り残される存在があってはならない。まさに「だれひとり取り残さない（No one will be left behind.）」をスローガンに掲げる「持続可能な開発目標（ＳＤＧｓ（Sustainable Development Goals））」に直結する、多種多様な存在への平等性が求められるものといえるだろう。

ハンコと花押の歴史はそれ自体が、文書の発給主体の拡大と、文書の保証のために人びとが様々な対策を講じた過程そのものであった。律令制で公のハンコが採用され、文書の保証に用いられたことを始まりとして、その後ハンコを所持できない個人が文書を発給するようになると、文書の保証のために、ハンコの代わりとして自署から発展した花押が用いられた。花押は権利行使のための文書を保証する、極めて重要なものであり、そのかたちの変遷からは、模倣を防ぐための創意工夫を窺い知ることができる。花押は中世の武家社会にて正式な文書に用いられたが、やがて、東国の戦国大名を中心に個人のハンコが用いられるようになり、江戸時代には百姓・町人層にも広くハンコが普及した。明治時代には、文書の保証に花押ではなくハンコを使用するよう、法整備がなされた。

その歴史的経緯の中で折々にみられたのが、各時代の文書の保証方法に対応困難な人びとへの対処であった。律令制下では私人間の文書に自署が用いられたが、識字能力の低い者は画指を以て代用し、平安時代後半から鎌倉・室町時代には画指の代わりに手印や拇印を使用した。武家社会を中心に行われた「実名（花押）」の署記法では、本文に加えて実名まで右筆が記し、本人は花押のみを加えればよいことから、文書の作成方法に明るくない者、識字能力の低い者でも、様々な文書の発給が可能になった。また、多数の庶民が連署した文書では略押や筆印なども用いられ、寄合などの「場」によって保証する手段も編み出された。江戸時代にハンコが広まると、印判師と呼ばれる職人がハンコを製作するようになり、誰もが容易に入手できるようになったことから、識字能力とは無関係に、押印によって文書への意思表示が可能になった。

こうした側面から捉えるとハンコと花押の歴史は、文書の発給にあたり、社会における多様な存在をいかに受容するかを検討してきた過程であったともいえる。では、受容性の面から文書のデジタル化と「脱ハンコ」とを捉えていくと、いかなることがみえるだろうか。

まずデジタルの文書を交わす利点としては、インターネットにて文書の送受信を済ませられることにより、提出や受け取りに要する時間と労力とを省き、夜間の対応や遠隔地とのやりとりも簡便になることが挙げられる。文書の信用性については、電子署名などの最新技術を用いることにより保証が可能になるだろう。その一方、デジタルにて文書を交わす際の難点としては、デジタル技術が一般的に普及しはじめてから日が浅く、その習熟具合や、インターネット環境の整備面などに個人差が大きいことが挙げられる。さらに電子署名・電子印鑑がデジタル文書の法的効力を担保するために必要とされる条件も、紙の文書への押印と比較すると厳格なものとなっている。加えて、デジタル技術の進歩の目覚ましさを受け、電子署名の場合は安全性の確保のために有効期限が設けられている。そのため、長期間の保存が必要となる文書に対しては、紙の文書よりも却って手間がかかることが予想されるだろう。

次に押印の廃止の利点としては、インターネットで送受信する文書の幅が広がることや、対面で文書を交わすにあたっても、ハンコを持たず、自署によって済ませられることなどが考えられる。その反面、やはり個々人のデジタル技術の習熟具合やインターネット環境によって、その恩恵に格差が生じてしまう虞があることが難点であろう。また、様々な事情により署名が叶わない人びとへの配慮も不可欠である。署名は叶わずとも押印であれば可能という場合なども考慮し、「記名・捺印」で自署に代えるなどの代替手段を講じる必要性は極めて高いと思われる。

このようにみてくると、文書のデジタル化と押印の廃止は、いずれも利点と難点とを伴うものといえる。今後、デジタル技術が一層社会に浸透し、使い方に習熟した人、抵抗の少ない人も増えていくことは想像に難くない。昨今では、パソコンでデータ入力したものを印刷した文書のほうが、手書きの文書よりも目にする機会が多いように感じる。こうした傾向がさらに強まり、紙に印刷せずに済ませるデジタル文書でのやり取りや、電子署名による文書内容の保証が一般的になる可能性も考えられるだろう。しかしながら、文書の受容性を保持するために歴史上様々な手段を講じてきたように、文書の媒体を紙からデジタルに移行する場合にも、デジタル技術の障壁によって、文書を通じた権利の行使を妨げられる人びとが生じることのないよう、細心の注意を払い続けなければならないのである。

ハンコの利便性と社会通念

最後に、紙の文書に対する「脱ハンコ」の動きについて、利便性と社会通念の観点から検討してみたい。実印を要さず、認印で済む行政手続きの押印を廃止するという「脱ハンコ」は、業務の効率性の向上が目的であった。だが一方では、押印が利便性・効率性を高める場合もある。例えば回覧板や荷物の受領証など、見たこと、受け取ったことのしるしを残すためのものには認印・サインはもちろんのこと、名前を刻したスタンプ印を押すことでも済ませることができる。スタンプ印は正式にはハンコとみなされないものだが、朱肉が不要で片手で押せるタイプのものも現れ、利便性の高さから昨今では簡易的な場面で広く用いられている。スタンプ印ほど簡略化したものではなくとも、認印を押すほうが、何文字にも及ぶサインを記すよりも煩わしくないと感じる人も少なくないであろう。特に日本社会では、氏名に漢字を含む人びとが多く、サインを記す際にその画数の多さを煩わしく感じる場合もあるのではないだろうか。

ハンコの弊害は、ハンコを押しに行かなければ手続きが進まないことにあるのであり、実際に手元に来た書類を回す上では、サインを書く手間よりも認印やスタンプ印を押す方が簡便であり、重宝される場合があることも見落としてはならない。こうしてみてみると現代のハンコは、認印のように利便性の高いものと、実印のように証拠能力を有し、信頼の証となるものとの双方向に分かれつつあると捉えられるのではないだろうか。

続いて社会通念との関係性を考えていく。現行の刑法でも偽造・変造に関し、有印文書と無印文書との間で罪の重さに差があることに象徴されるように、文書は社会的信用と切り離すことができないものであり、その信用を担保するものとして、今なお日本社会に浸透しているものがハンコといえる。そうであるならば、「脱ハンコ」は効率性を高める反面、これまでハンコによって保証されてきた文書の証拠能力が過度に失われてしまうと、文書の偽造・変造に対する罪悪感の低下を招く事態にも直結することになる。

こうした文書の信頼性の保証と利便性とのバランスを図りながら、ハンコや自署の使用方法・場面などを模索する動きは、社会の変動とともに、歴史上幾度も繰り返されてきたものである。中世、人格を表すものとして重要視された花押が版刻となったことは、署名の代替としての重要性に対して便宜性が上回ったことを意味していた。また戦国武将が印判状や判紙を用いたことも、文書の発給量の増加に伴い、一点一点直筆で記す花押の煩雑性が、徐々に時代にそぐわなくなっていったことを示すものであった。それと同時に、ハンコよりも花押を重視する考え方が根強い社会にあって、時間的・物理的に花押が記せない状況の際に、苦肉の策として版刻の花押を使用した事例や、ハンコに様々な趣向を凝らして権威を持たせようとした事例も数多く確認された。それらの動きからは、信頼性・利便性と、社会通念との狭間で揺れ動く人びとの姿を垣間見ることができるだろう。現代に生き、デジタル技術の発展・コロナ禍という事態に直面する私たちもまた、ハンコの信頼性・利便性と社会通念との狭間で選択の岐路に立たされているのである。

おわりに

ここまで日本史上、長きに亘るハンコと花押の歴史を社会制度や体制の観点からたどり、コロナ禍で社会的に話題となった「ハンコ社会」とデジタル化について、改めて考えなおす試みを行った。様々な身分の個人がハンコを所有し、用いるようになったのは江戸時代以降のことだが、自署や花押といった手段を以て個人が文書の内容を保証する行為は、古代律令国家から既に始まっていた。そして中世以降、文書の発給主体の中心が、朝廷の機関やイエといった組織から個人へと移行するのに伴い、花押やハンコが社会に浸透していく過程が詳らかになった。「ハンコ社会」と呼ばれるほどに、今日の日本社会において押印に対する社会的信用が深く根付き、「継承」されている背景には、ハンコや花押といった手段の変化を伴いながら、いつの時代にも文書の内容を保証するという行為が必要とされ続けてきたことがあったのである。

そもそもハンコと花押とは、個人の意思を示し、文書に証拠能力を付すという役割においては等しいものである。これまでみてきた双方の歴史からも明らかなように、その最たる目的は、社会的・経済的権利を行使するための重要な文書に保証を与えることにあった。文書が作成者の手を離れた後にも、その文書の正当性を「保証し続ける」ためのしるしとして用いられたものがハンコや花押であり、それらによって文書はその段階で「固定」化され、改変が不可能な状態になったと認識された。これこそが日本社会において長い時間をかけて築き上げられてきた「信用」のかたちであり、今日もなおハンコが用いられ続ける理由であろう。

加えて古代から順に歴史的経緯をたどっていくと、花押がハンコよりも上位にあるという概念は江戸時代まで一貫しているものの、人びとが現実に使用する際には、他者による偽作の防止や文書の発行量に応じた利便性など、様々な要因を考慮し、時には双方を使い分けながら、実社会に適応したかたちを選び取っていたことが判明した。本章ではこうした過去の事例を振り返ることによって、デジタル技術の進歩やコロナ禍といった変化の時代に直面する中で、「ハンコ社会」といかに向き合うべきか、その手がかりを探ってきたが、文書の正当性の問題とともに、今後も追究し続けるべきテーマであると考える。併せて、「脱ハンコ」・「デジタル化」が唱えられる中、改めてハンコとデジタル化の関係性を捉えなおしてみると、その手段や方向性は実に幅広いものであることが判明した。ここで重要となるのは、「なぜデジタル化を進める必要があるのか」、「デジタル化を通して改善を図るものは何か」などの理由や目的であり、デジタル化そのものが目的ではないということである。

ここで、デジタル化に直結するものではないが、今日のハンコに関する課題をひとつ紹介したい。それは、姓を使用したハンコが多く見受けられる点である。ハンコと花押の歴史を振り返ると、署名や花押、ハンコではそもそも実名が用いられた。そして現代社会では、ハンコに刻むのは姓、名、フルネームのいずれでも構わないとされている。けれども実際には、姓を刻んだハンコの使用が、認印を中心に多くみられるのである。

個人を表すものであるにもかかわらず、ハンコに名ではなく姓を刻む理由は判然としない。ひとつには、文房具店などで販売され、入手しやすい認印の大半が姓を刻したものであることが要因であるかもしれない。日本は姓・名ともに非常に多種多様であり、オーダーメイドでなければ入手できない場合も少なくないが、それでも名前に比べて姓であれば、決まったパターンのもので一定以上の割合の人びとの需要を満たすことができるものと推察される。

こうした生産・消費体制面での可能性が考えられる一方で、江戸時代以降のハンコの普及の仕方に要因を求める説もある。ひとつには、江戸時代に百姓がハンコを所有するようになった際、はじめイエ単位でハンコを持ち、ハンコがイエの象徴とみなされたことがきっかけとなって、百姓の間でもイエ意識が強まり、名字（苗字）を所有する人びとがハンコに姓を刻むようになったという説がある。さらには名字を持つという特権意識を誇示するために、姓を刻したハンコを所有する動きがあったことから、明治時代にすべての人が姓を持つようになると、そうした特権意識の影響を受けて、姓を刻したハンコが広まったとみる説もある。[93]

両説からは、ハンコの印文がイエ意識と結び付いたものである可能性が窺える。そうであるならば、この点は選択的夫婦別姓制度など、現代日本が直面する課題にも投影し得るものではないだろうか。こうした事例からみても、日本社会の在り方を今一度捉えなおす上で、ハンコや花押の歴史の観点に立つことには、一定の意義が見出されるのである。

註

（1）日本国語大辞典 第二版 編集委員会・小学館国語辞典編集部編『日本国語大辞典 第二版』小学館、二〇〇〇～二〇〇二年。

（2）『改訂新版 世界大百科事典』改訂新版、平凡社、二〇一四年、『日本国語大辞典 第二版』（註1所掲）、門田誠一『はんこと日本人』吉川弘文館、二〇一八年（原本は大巧社、一九九七年）。

（3）佐伯仁志・大村敦志編集代表『六法全書 令和四年版』有斐閣、二〇二二年。

（4）新村出編『広辞苑 第七版』「自署」・「記名」・「署名」の項、岩波書店、二〇一八年。

（5）西田友広氏もまた、同様の観点から「はんこを用いるという行為は、社会的・経済的・文化的な背景をもった人間の活動である、といっても大袈裟ではない」（同「新年特集にあたって」（『日本歴史』八八四、二〇二二年）、一頁）と述べている。

（6）石井良助『印判の歴史』明石書店、一九九一年（原本は『はん』学生社、一九六四年）、荻野三七彦『印章』吉川弘文館、一九六六年、新関欽哉『ハンコの文化史 古代ギリシャから現代日本まで』吉川弘文館、二〇一五年（原本はＰＨＰ研究所、一九八七年）。

（7）門田誠一『はんこと日本人』（註2所掲）。

（8）久米雅雄『日本印章史の研究』雄山閣、二〇〇四年、同『はんこ』法政大学出版局、二〇一六年。

（9）高沢淳夫「はんこの社会史に向けて―日本的「信用」の現象形態―」（『ソシオロジ』三八―二、一九九三年）。

（10）『日本歴史』八八四（註5所掲）。

（11）「公開研究会記録：「漢委奴國王」金印研究の現在（二〇一二年一二月一五日開催）」（『古代学研究所紀要』二三、二〇一五年）。

（12）「日本古代印の基礎的研究」（『国立歴史民俗博物館研究報告』七九、一九九九年）。

（13）相田二郎『相田二郎著作集二 戦国大名の印章―印判状の研究―』名著出版、一九七六年、有光友學編『戦国期 印章・印判状の研究』岩田書院、二〇〇六年。

（14）千葉真由美『近世百姓の印と村社会』岩田書院、二〇一二年、同「近世百姓の印と印判師―関東諸村落と江戸の印判師を事例として―」（『日本歴史』八二二、二〇一六年）、西光三「徳川将軍家「御印判」製作過程についての一考察―御印判師佐々木家文書を中心に―」（『古文書研究』六九、二〇一〇年）等。

（15）上島有「草名と自署・花押―書札礼と署名に関する一考察―」（『古文書研究』二四、一九八五年）、佐藤進一『増補 花押を読む』平凡社、

二〇〇〇年、荻野三七彦『姓氏・家紋・花押』吉川弘文館、二〇一四年（原本は新人物往来社、一九七六年）等。
(16)石原道博編訳『新訂 魏志倭人伝・後漢書倭伝・宋書倭国伝・隋書倭国伝』岩波書店、一九八五年。
(17)門田誠一『はんこと日本人』（註2所掲）。
(18)門田誠一『はんこと日本人』（註2所掲）。
(19)黒板勝美編『新訂増補国史大系 続日本紀』新装版、吉川弘文館、二〇〇〇年。原漢文、筆者読み下し。
(20)「新印」に関しては、天皇御璽の印影とみる説と、国印もしくはその印影の見本とみる説とがある。
(21)黒板勝美編『新訂増補国史大系 続日本紀』新装版（註19所掲）。
(22)「令義解巻第七 公式令第廿二」（黒板勝美編『新訂増補国史大系〈普及版〉令義解』吉川弘文館、一九六八年）。
(23)『続日本紀』養老三年（七一九）一二月乙酉条（黒板勝美編『新訂増補国史大系 続日本紀』新装版（註19所掲））。
(24)「令義解巻第七 公式令第廿二」（註22所掲）。
(25)古尾谷知浩「日本古代の官司の印」（『日本歴史』八八四（註10所掲））。
(26)井上光貞ほか校注『日本思想大系 律令』岩波書店、一九七六年。
(27)「類聚三代格」巻第一七（黒板勝美編『新訂増補国史大系〈普及版〉類聚三代格 後篇・弘仁格抄』吉川弘文館、一九七二年）。
(28)古尾谷知浩「日本古代の官司の印」（註25所掲）。
(29)土橋誠「古代の私印」（『日本歴史』八八四（註10所掲））。
(30)中野栄夫「「白紙」について」（井上光貞博士還暦記念会編『古代史論叢』中巻、吉川弘文館、一九七八年）。
(31)佐藤進一『増補 花押を読む』（註15所掲）、一四頁。
(32)荻野三七彦『印章』（註6所掲）等。
(33)塙保己一編纂『群書類従 第九輯 文筆部二 消息部』訂正三版、続群書類従完成会、一九六〇年。
(34)塙保己一編纂『群書類従 第九輯 文筆部二 消息部』訂正三版（註33所掲）。
(35)塙保己一編纂『群書類従 第二七輯 雑部三』訂正三版、続群書類従完成会、一九六〇年。
(36)佐藤進一『増補 花押を読む』（註15所掲）。

(37)右筆とは、文書・記録の執筆・作成にあたる者のことである。古代では書生《しょしょう》という、文書事務を司る官人等が公私の文書の作成を専門にしたが、中世以降は同様に文書を作成する者を右筆と呼び、特に武家社会に多くみられた。
(38)荻野三七彦『姓氏・家紋・花押』(註15所掲)。
(39)公文書と私文書との間に署記法の相違があるのか、また、北条氏における署記法の変遷など、考察すべき課題は山積しており、今後詳細な検討を行う予定だが、紙幅の都合上、本章ではひとまず現段階の推察を述べるに留めたい。
(40)承暦二年(一〇七八)秦利景田地売券等。
(41)本史料は写本の画像が、国立国会図書館デジタルコレクションにて公開されている(https://dl.ndl.go.jp/info:ndljp/pid/2539274(二〇二二年一〇月一一日閲覧))。
(42)以下、本章で提示する花押や印影は断りのない限り、瀬野精一郎監修・吉川弘文館編集部編『花押・印章図典』(吉川弘文館、二〇一八年)から許可を得て転載するものである。
(43)佐藤進一氏は、時政の花押についておそらく二合体であろうとしつつも、右半分が「攵」ではなく「寺」であるならば、「時」の一字体の可能性があるとも述べる(同『増補 花押を読む』(註15所掲))。
(44)佐藤進一『増補 花押を読む』(註15所掲)。
(45)佐藤進一『増補 花押を読む』(註15所掲)。
(46)室町時代の官吏中原康富(一四〇〇~一四五七)の日記である、『康富記』の文安六年(一四四九)四月二日の記事に、義満と義教が「義」の字を、義持が「慈」の字を用いたとの記載がある(増補史料大成刊行会編『増補 史料大成 康富記』二、臨川書店、一九六五年)。
(47)佐藤進一『増補 花押を読む』(註15所掲)、三三三頁。
(48)正和五年(一三一六)正月一一日「市若丸田地寄進状」(「白河本東寺文書七九」、竹内理三編『鎌倉遺文 古文書編』東京堂出版、一九七一~一九九五年(以下『鎌倉遺文』と略記)、二五七一六号)、元徳元年(一三二九)一一月日「純覚田地譲状案」(「東京大学文学部所蔵長福寺文書」、『鎌倉遺文』五二一〇〇号)等。
(49)荻野三七彦『姓氏・家紋・花押』(註15所掲)。
(50)徳治三年(一三〇八)カ六月二五日「金沢貞顕書状」(「金沢文庫文書」、『鎌倉遺文』二三五一四号)。

(51)御教書の名は、唐において上位から下位に下す文書を「教」と呼び、日本でも奈良時代以来、身分の高い者の仰せを「教」と称したことによるという(『日本大百科全書』小学館、一九九四年)。
(52)井上光貞ほか校注『日本思想大系 律令』(註26所掲)。「関東御式目」第一五条(牧健二監修・池内義資編『中世法制史料集 別巻』岩波書店、一九七八年)。「公事方御定書」第六二条(奥野彦六『定本 御定書の研究 別冊一 御定書百ヶ条』酒井書店、一九六八年)。「刑法」第一五四〜一六一、一六四〜一六八条(佐伯仁志・大村敦志編集代表『六法全書 令和四年版』(註3所掲))。
(53)文保元年(一三一七)一〇月一日「島津久長判形変改次第」(東京大学史料編纂所所蔵『島津家文書』二冊九頁)等。
(54)佐藤進一『増補 花押を読む』(註15所掲)。
(55)薗部寿樹「筆印と木印」(『日本歴史』八八四(註10所掲))。
(56)永仁三年(一二九五)五月一二日付「永仁三年一切経御供米請状」(慶応義塾大学三田メディアセンター所蔵「反町文書」一三五号)。なおこの寺院に関しては、東大寺や東寺とみる説(荻野三七彦『印章』(註6所掲)、同『姓氏・家紋・花押』(註15所掲))や、仁和寺とみる説(佐藤進一『増補 花押を読む』(註15所掲))など、諸説ある。
(57)「義堂周信筆黄梅院華厳塔勧縁疏併奉加帳」(東京大学史料編纂所写真帳『黄梅院文書』、三頁)。
(58)小島道裕「戦国大名の印判―公印/個人印の区別をめぐって―」(『日本歴史』八八四(註10所掲))。
(59)「島津義久書状」(早稲田大学図書館所蔵「荻野研究室収集文書」)。
(60)瀬野精一郎監修・吉川弘文館編集部編『花押・印章図典』(註42所掲)。
(61)小島道裕「戦国大名の印判」(註58所掲)。
(62)小島道裕「戦国大名の印判」(註58所掲)。
(63)奥野高廣『増訂織田信長文書の研究』上巻、下巻、補遺・索引、吉川弘文館、一九八八年。
(64)戦国大名のハンコの形状の意味や使用実態については、有光友學編『戦国期 印章・印判状の研究』(註13所掲)に詳しい。
(65)浪岡城主北畠氏を祖先とする山崎氏の家記である、『永禄日記』元和九年(一六二三)条によると、この地はもともと近江沢と呼ばれていたという(青森県文化財保護協会編『永禄日記』国書刊行会、一九八三年、初版は青森県文化財保護協会、一九五六年)。
(66)小島道裕「戦国大名の印判」(註58所掲)。

(67)小島道裕氏によれば、北条氏が導入した日付上押印の様式は、東アジア漢字文化圏に広くみられたものであったのに対し、花押を記す位置に押印する様式は、日本独自のものであるという。この点について同氏は、書状様式の文書を公文書として用いるようになった日本が、文書様式の面で「ガラパゴス化」したことの表れであると述べる（同「戦国大名の印判」（註58所掲））。

(68)千葉真由美「近世の百姓と印」（『日本歴史』八八四（註10所掲））。

(69)千葉真由美「近世の百姓と印」（註68所掲）。

(70)笹本正治「近世百姓印章の一考察―形態変化を中心にして―」（『史学雑誌』八九―七、一九八〇年）、同「近世百姓の判子」（及川武宣編『朝日百科 日本の歴史・別冊 歴史の読み方』朝日新聞社、一九九二年）。

(71)西光三「徳川将軍家の「御印判」と「外交印」―基本事項の確認と機能の考察を中心に―」（『日本歴史』八八四（註10所掲））。

(72)反切とは、他の漢字二字の音を以て漢字の字音を表す方法のことである（日本国語大辞典 第二版 編集委員会・小学館国語辞典編集部編『日本国語大辞典 第二版』「反切」の項（註1所掲））。

(73)新村出編『広辞苑 第七版』「経文緯武」の項（註4所掲）。

(74)同批准書は、アメリカ国立公文書館（ＮＡＲＡ（National Archives and Records Administration））に所蔵されている。

(75)「太政官日誌明治四年第六十三号」（石井良助編『太政官日誌』第五巻、東京堂出版、一九八一年）。

(76)「太政官日誌明治五年第五十三号」（石井良助編『太政官日誌』第六巻、東京堂出版、一九八一年）。

(77)「太政官日誌明治六年第七十八号」（石井良助編『太政官日誌』第六巻（註76所掲））。

(78)「太政官日誌明治六年第百一号」（石井良助編『太政官日誌』第六巻（註76所掲））。

(79)内閣官報局『法令全書 明治一〇年』、内閣官報局、一八九〇年。

(80)内閣官報局『法令全書 明治一〇年』（註79所掲）。

(81)この一連の経緯については、石井良助『印判の歴史』（註6所掲）にて詳述されている。

(82)『官報』第四九九三号（大蔵省印刷局編『官報』日本マイクロ写真、一九〇〇年）。

(83)なお、本法律は平成一七年（二〇〇五）法律第八七号「会社法の施行に伴う関係法律の整備等に関する法律」（佐伯仁志・大村敦志編集代表『六法全書 令和四年版』（註3所掲））により廃止されている。

(84)「日本国憲法」第四条（佐伯仁志・大村敦志編集代表『六法全書 令和四年版』（註3所掲））。
(85)「日本国憲法」第一条（註84所掲）。
(86)「日本国憲法」第一・三条（註84所掲）。
(87)昭和二二年（一九四七）法律第五号「内閣法」（佐伯仁志・大村敦志編集代表『六法全書 令和四年版』（註3所掲））。
(88)「内閣法」第四条第二項（註87所掲）。
(89)以下、「デジタル・ガバメント実行計画」策定の経緯については「政府CIOポータル」https://cio.go.jp/digi-gov-actionplan（二〇二二年一〇月二〇日閲覧）による。
(90)「デジタル・ガバメント実行計画」平成三〇年（二〇一八）一月一六日 初版（eガバメント閣僚会議決定）（https://cio.go.jp/sites/default/files/uploads/documents/densei_jikkoukeikaku.pdf（二〇二二年一〇月二〇日閲覧）、三三頁。
(91)「民事訴訟法」（平成八年（一九九六）法律第一〇九号）（佐伯仁志・大村敦志編集代表『六法全書 令和四年版』（註3所掲））。なお、公文書については同法第二二八条第二・三項に規定があり、「文書は、その方式及び趣旨により公務員が職務上作成したものと認めるべきときは、真正に成立した公文書と推定する」とされている。
(92)「電子署名及び認証業務に関する法律」（平成一二年（二〇〇〇）法律第一〇二号）（佐伯仁志・大村敦志編集代表『六法全書 令和四年版』（註3所掲））。
(93)門田誠一『はんこと日本人』（註2所掲）、笹本正治「近世百姓印章の一考察」・同「近世百姓の判子」（註70所掲）等。

〔付　記〕本章は、JSPS科研費19K20826・20K13174による研究成果の一部である。

〈補　論〉　現代と中世の儀式に見る「継承」への努力
——入学式・卒業式・元日節会——

大藪　海

はじめに

令和二年（二〇二〇）頃から日本国内に蔓延し始めたコロナウィルスは変異を繰り返し、令和四年七月現在になってもいまだに衰える気配をみせない。この間人々の生活は大きな制約を受け続けており、非日常的な行事はもちろんのこと、日常生活においてもさまざまな行動が中止や形を変えての実施を余儀なくされてきた。今年（令和四年）は三年ぶりに政府による行動制限のない夏を迎えており、再開された行事も出てきている。しかしいまだ多くの行事がコロナ禍前と同様には実施できておらず、私が在職する大学（お茶の水女子大学。以下お茶大と略す）の行事においても、これまで数々の中止や変更があった。

歴史を振り返ると、何らかの理由によって中止や変更が行われた行事は多く、中止になったもののそのまま再開されることなく廃絶してしまったものも少なくない。行事が再開されるかどうかは、ひとえにその行事を行うにあたって主体となる人々の努力が大きく関わってくる。もちろん努力だけではどうしようもないこともあるが、まずは再開しようとする努力が出発点となることは間違いなかろう。そうした努力が現代と中世でどのようになされてきたのかをみることにより、本書のテーマの一つである「継承」を考える材料を提供したい。

一　コロナ禍の入学式・卒業式

現代の「継承」を考えるための材料とするのは、大学の入学式と卒業式である。この二つを取り上げるのは、それらが学生や大学にとって不可欠の行事で開催・不開催が広く告知されており、関係者の再開への努力がみえやすいと考えたからである。加えて、筆者が大学に勤務しており、それらの式を直接経験することができる立場にいることも理由としてはある。

表1として次々頁に掲載したのは、令和二年三月以降に挙行された、あるいは挙行される予定であった入学式と卒業式の挙行状況をまとめたものである。東京都内の国公立大学すべて（大学院大学を除いた全一二校。国立大学が一一校、公立大学が一校）を対象とした。[1] 対象地域を都内に限定したのは、コロナの感染状況が都道府県によって大きく異なり、それによる対応の変化が予想されるため、同一の感染状況下での対応を比較したいと考えたからである。できれば私立大学も対象として、さらには入学定員（＝一学年の定員数にほぼ相当し、そこから入学式・卒業式の規模をおよそ推測することができる指標）別に比較したかったが、作業量が膨大となるため都内の国公立大学のみを対象とした。なお、取り上げた入学式は四月挙行のもの、卒業式は三月挙行のものだけであり、いずれも大学院生を対象とした式は対象外とした。この表から、コロナ禍で挙行された、あるいは挙行予定であった入学式や卒業式について、いくつかの傾向を読み取ってみたい。

まず入学式についてみてみよう。令和二年度は、都内すべての国公立大学で中止された。これは、改正新型インフルエンザ対策特別措置法（以下、特措法と略す）に基づき、令和二年四月七日から緊急事態宣言が発令されたからである。コロナ禍前であれば、四月七日には多くの大学が入学式を終えていたとみられるが、緊急事態宣言の発令を見越しての中止であったと考えられる。なおこれは、特措法が施行された平成二五年（二〇一三）四月以降で初めてのことであった(2)。大学のキャンパス自体も閉鎖が相次ぎ、お茶大も四月八日から教職員・学生を問わずキャンパスへの入構を禁止する措置を採った(3)。

令和三年度は都内のすべての国公立大学で挙行された。ただしいずれの大学も式の挙行形態を変更し、参加できる対象や人数も大きく制限しての挙行となった。たとえばお茶大では、同一の会場を使用しながら開始時刻と終了時刻をずらす二部構成を採用し、式次第も簡素化・短縮が図られた。また、新入生と教職員以外の参列はご遠慮いただいた(4)。他の大学については、お茶大と同様の方法を採った大学のほか、新入生から選出した代表者のみの参加を認めてより参加者を制限した大学や、前年度入学式を経験できなかった前年度入学生を加えて挙行した大学もあった。

令和四年度も都内のすべての国公立大学で挙行された。しかし、学部別・会場別の分散開催や新入生・教職員のみ参加を認める大学が多く、コロナ禍前と同様の状況には至っていない。

次に卒業式についてみてみよう。令和元年度、すなわち令和二年三月に挙行予定であった卒業式は、コロナの脅威が感じられつつも緊急事態宣言とまん延防止措置のいずれも宣言・適用されていない期間の挙行であったためか、各大学で対応が分かれた。再びお茶大の例を参照すると、同一の会場を使用しながら開始時刻と終了時刻をずらす二部構成を採用し、卒業生は全員参加する形態で挙行した(5)。また東京大学は代表者のみが参加する形態を採り(6)、東京都立大学（当時は首都大学東京）は東京国際フォーラムで開催する全体の卒業式は中止する一方、大学キャンパスで学部別に行う学位記授与式は挙行した(7)。しかし東京医科歯科大学など六校は中止の決断をしている。

令和二年度は、都内すべての国公立大学で挙行された。しかし、先述した翌月挙行の令和三年度入学式と同様に、式の挙行形態の変更や参加者の制限がみられた。

令和三年度も前年度とおおむね同様であるが、東京工業大学や東京海洋大学のように、前年度にみられたような卒

令和３年度（2021年４月）	実施形態	代替措置など	令和４年度（2022年４月）	実施形態	代替措置など
○	新入生のみ		○	新入生のみ	ライブ配信
○	前年度入学生と新入生のみ（分散開催）	ライブ配信	○	新入生のみ（分散開催）	ライブ配信
○	新入生のみ（分散開催）	事後配信	○	新入生のみ	事後配信
○	新入生のみ（分散開催）	ライブ配信	○	新入生のみ（分散開催）	ライブ配信
○	新入生のみ（分散開催）		○	新入生のみ（分散開催）	ライブ配信
○	新入生のみ（分散開催）	ライブ配信	○	新入生のみ	ライブ配信
○	新入生の一部のみ（大学院と合同開催）	ライブ配信	○	新入生のみ	ライブ配信
○	新入生の一部のみ（大学院と合同開催）	ライブ配信	○	新入生のみ	事後配信
○	新入生のみ（分散開催）	事後配信	○	新入生のみ（分散開催）	事後配信
○	新入生の一部のみ		○	新入生一部	ライブ配信
○	前年度入学生と新入生のみ（分散開催）	ライブ配信	○	新入生のみ（分散開催）	ライブ配信
○	新入生のみ	ライブ配信	○	新入生のみ	ライブ配信

令和２年度（2021年３月）	実施形態	代替措置など	令和３年度（2022年３月）	実施形態	代替措置など
○	卒業生一部	ライブ配信	○	卒業生一部（分散開催）	ライブ配信
○	卒業生全員（分散開催）		○	卒業生全員（分散開催）	ライブ配信
○	卒業生全員（分散開催）	事後配信	○	卒業生全員（分散開催）	事後配信
○	卒業生一部	ライブ配信	○	卒業生全員（分散開催）	ライブ配信
○	卒業生一部	ライブ配信	○	卒業生全員（分散開催）	ライブ配信
○	卒業生全員	ライブ配信	○	卒業生全員	ライブ配信
○	卒業生一部	ライブ配信	○	卒業生全員	ライブ配信
○	卒業生一部	ライブ配信	○	卒業生全員	事後配信
○	卒業生全員（分散開催）	事後配信	○	卒業生全員（分散開催）	事後配信
○	卒業生一部	ライブ配信	○	卒業生一部	ライブ配信
○	卒業生全員（分散開催）	ライブ配信	○	卒業生全員（分散開催）	ライブ配信
○	卒業生全員	ライブ配信	○	卒業生全員	ライブ配信

○「分散解散」は、同一会場での時間をずらしての二部制開催や、複数会場を設けての同時開催を意味している。
○「ライブ配信」には、ライブのみならず事後にも配信を行ったものが含まれている。
○各大学のホームページで公開されている内容に基づき作成したが、関係者のみに代替措置が公開されている可能性もある。式の実施・中止以外の事項については、あくまで参考程度にみてほしい。

表１　コロナ禍における東京都内の国公立大学の入学式・卒業式実施状況
（上：入学式、下：卒業式）

大学名	所在地	入学定員	令和２年度（2020年４月）	実施形態	代替措置など
東京大学	文京区	3,063	×		翌年度６月に「入学者歓迎式典」開催
東京医科歯科大学	文京区	275	×		翌年度に翌年度新入生と入学式合同開催
東京外国語大学	府中市	745	×		
東京学芸大学	小金井市	1,010	×		
東京農工大学	府中市	821	×		
東京芸術大学	台東区	471	×		翌年度入学式と同日に「入学の式典」開催
東京工業大学	目黒区	1,068	×		同年度９月入学生と入学式合同開催、ただし代表者のみ
東京海洋大学	港区	435	×		
お茶の水女子大学	文京区	452	×		翌年度入学式の翌週に「令和２年度入学者進学式」開催
電気通信大学	調布市	720	×		翌年度入学式において代表者による宣誓あり
一橋大学	国立市	955	×		翌年度に翌年度新入生と入学式合同開催
東京都立大学	八王子市	1,570	×		

大学名	所在地	入学定員	令和元年度（2020年３月）	実施形態	代替措置など
東京大学	文京区	3,063	○	卒業生一部	ライブ配信
東京医科歯科大学	文京区	275	×		
東京外国語大学	府中市	745	×		
東京学芸大学	小金井市	1,010	×		
東京農工大学	府中市	821	×		
東京芸術大学	台東区	471	×		
東京工業大学	目黒区	1,068	○	卒業生一部	ライブ配信
東京海洋大学	港区	435	×		
お茶の水女子大学	文京区	452	○	卒業生全員（分散開催）	事後配信
電気通信大学	調布市	720	○	卒業生一部（大学院と合同開催）	事後配信
一橋大学	国立市	955	○	卒業生全員（分散開催）	
東京都立大学	八王子市	1,570	△	卒業式中止、学位記授与式開催	

○大学名、所在地、入学定員については、文部科学省ホームページに掲載されている「令和２年度全国大学一覧」（https://www.mext.go.jp/content/20210325-mxt_koutou01_000013687_01.pdf）を参照した。
○複数のキャンパスがある大学の「所在地」については、本部や多くの学部が設置されている場所を記載した。
○卒業式については、大学によっては「学位記・修了証書授与式」（東京海洋大学）と呼称している場合もあるが、「卒業式」の呼称に統一した。

業生の代表者のみが参加する形式から、卒業生全員が参加する形式に変更するなどして参加者を増やして挙行した大学が多い。

以上が各年度の入学式・卒業式挙行の特徴である。これらコロナ禍にあった入学式と卒業式で共通する特徴としては、今回調査対象としたほとんどの大学で、インターネット配信の実施が確認できる点が挙げられる。その方式は、ライブ配信がほとんどであるが事後配信もあり、さらには一切限定せず公開しているものもあれば学内限定公開であったり期間限定公開であったりするなど様々であった。いずれも、式に参加できなかった保護者と学生のために採られた措置とみられる。コロナ禍以前でもキャンパス内での別会場への中継は行われていたが[8]、インターネット経由で自宅等からの映像視聴を可能にした点は新しい。

また、中止された令和二年度入学式の代替として、令和三年度入学生と合同で入学式を挙行した大学や、その入学式とは別の機会を設けて式典を開催した大学があったことにも注目しておきたい。たとえば東京大学は、中止になった令和二年度入学式の代わりに翌年度六月に「入学者歓迎式典」を開催した[9]。東京芸術大学は、令和三年度入学式と同日に、令和二年度入学生を対象として「入学の式典」を開催した[10]。そしてお茶大では、令和三年度入学式を挙行した翌週に「令和2年度入学者進学式」を挙行した[11]。これは入学式とほぼ同一の式次第で行われ、さらに卒業生による応援メッセージの上映など、進学式独自の内容もみられた。

これからは、完全ではないにしても、コロナ禍前に戻そうとする努力や、戻すことが叶わない点についてはデジタル技術の活用により解決が目指されている傾向が看取できる。そのために多くの関係者が知恵を絞り、奔走していたであろうことは想像に難くない。今はまだそうした人々の努力が見えづらいが、いずれ振り返って顕彰されることもあろう。こうした入学式や卒業式に限らず、そうした人々の努力・試行があったからこそ現代にまで様々な伝統や行事が「継承」されているのである。

二　応仁・文明の乱後の元日節会と平座開催

（1）応仁・文明の乱による朝廷儀式の中絶

応仁・文明の乱とは、応仁元年（一四六七）五月から文明九年（一四七七）九月（正式な終戦は文明一〇年八月）まで、室町幕府が分裂して全国的に繰り広げられた争乱のことである。

室町幕府第六代将軍足利義教《あしかがよしのり》が赤松満祐《あかまつみつすけ》によって暗殺された嘉吉の変（嘉吉元年〈一四四一〉）以来、将軍権力は凋落の一途をたどっており、第八代将軍足利義政《あしかがよしまさ》はその将軍権威を復活させるべく細川勝元《ほそかわかつもと》とともに努力していた。しかし将軍を支えるべき大名《たいめい》たちの一部は将軍権威の復活を歓迎せず、義政を援助する細川勝元を中心とするグループとは別のグループが、山名宗全《やまなそうぜん》を中心として形成されていた。これに当時複数の大名家で起きていた家督争いが加わり、グループ間の対立は深まった。さらには、歴代将軍のようにその家督争いに介入して治めてみせることで将軍権威の復活を目指した義政の、初志貫徹ができない言動が事態を悪化させた。応仁・文明の乱は、将軍家の家督争いに端を発するかのように説明されることもあるがそれは誤りであり、右で述べた対立と混乱が義政の指導力欠如のために頂点に達してしまったところに発生したものである[12]。

この応仁・文明の乱により、朝廷で行われていたさまざまな儀式（以下、朝廷儀式と称す）の大半は中絶を余儀なくされた。文明六年頃からは争乱の舞台が地方へ移るが、それ以前は京都とその周辺国が主戦場となっていたためである。京都の市街地は荒廃し、公家衆・武士・民衆を問わず生活が激変した。加えて、応仁元年八月に後花園上皇《ごはなぞのじょうこう》と後土御門天皇《ごつちみかどてんのう》がそれぞれ仙洞《せんとう》御所と禁裏《きんり》から幕府（室町殿）へ避難し、史上はじめて上皇・天皇と将軍が同居する状態が発生したことは、朝廷儀式の開催を難しくさせた。

中世でも現代でも儀式の開催にあたっては、費用と空間（場所）と人手と時間（準備期間）が不可欠である。禁裏や仙洞を喪失した朝廷にはその空間がなく、幕府の支援により収取できていた全国各地にある禁裏料所からの収入も途絶、さらには幕府からの直接的な経済援助も望めないため費用を用意できず、費用がないため運営に必要な人物に報酬を支払うこともできなかった。中世は「先例」（現代でいうところの前例）が重視される世界であり、もし一度でも無報酬で労働をしてしまったらそれが先例となって次回以降も無報酬となってしまう恐れがあった。そうしたことを避けるために報酬の支払いが不確実な状況では労働を拒否するのが普通であり、この報酬の問題が解決されない限り、儀式遂行に必要な人手を集めることは困難であった。[13] つまり、当時の朝廷は儀式開催に不可欠な条件のほとんどを満たしていなかったのであり、これらが朝廷儀式中止の要因でもあった。対してコロナ禍による入学式や卒業式の中止は、いずれの条件にも拠らない特殊な理由（三密〈密閉・密集・密接〉回避による感染拡大防止）によりもたらされたものであり、同列に置いて論じることは相応しくないかもしれない。しかし、行事を再開（復興）しようとした人々が存在した点は共通しており、その人々の努力の様子に注目したいので、以下取り上げることとする。

（2）後土御門天皇の元日節会《がんじつのせちえ》復興への努力

中世において行事再開に尽力した人物として注目したいのは、後土御門天皇である。彼とその近臣である甘露寺親長《かんろじちかなが》による朝廷儀式復興活動についてはすでにいくつか研究があるので、[14] それに導かれながらみていこう。

朝廷では一年間に様々な行事が行われた。それらは次第に整理されて「年中行事《ねんちゅうぎょうじ》」として成立するが、そのなかでも元旦に行われたのが元日節会である。節会というのは、端的にいえば「天皇主催の公式宴会」であるが、節会への参加は勤務であり報酬が発生するものであった。[15] 特に元日節会は、正月七日開催の白馬節会《あおうまのせちえ》、同月一六日開催の踏歌節会《とうかのせちえ》、一一月開催の豊明節会《とよあかりのせちえ》とともに重視された節会であった。[16]

しかし、その朝廷にとって重要であった元日節会も、応仁・文明の乱には勝てなかった。乱の只中の応仁二年から乱終結後の延徳元年（一四八九）まで、中絶を余儀なくされたのである。文明七年以降は「平座《ひらざ》」という、規模や参仕者を限定した簡略な形式で開催されていたが、本来の（応仁・文明の乱以前の）形態による再興は、延徳二年まで待たなければならなかった。そしてそれに尽力したのが、後土御門天皇と甘露寺親長であった。

文明七年の元日節会を平座として開催したのは、後土御門天皇の意向であったことが親長の日記内の記述を根拠として指摘されている。[17] 親長は「元日節会が行えないので平座で行うと勅問（後土御門天皇からの下問。実際には平座で行うことの可否が問われたのであろう）があったようだ」と伝聞を記載し、「戦乱の最中であり全てのことがうまくいっていない。だから元日節会も平座形式で開催されたのである」と述べているが、[18] 同時代の公家衆である三条西実隆《さんじょうにしさねたか》は自身の日記に「県召《あがためしの》除目《じもく》を行う予定であるので今日の節会は平座として開催した」と書き遺している。[19] 県召除目とは官職の任命式である。これも応仁・文明の乱により中絶を余儀なくされていた儀式の一つであった。[20] 県召除目の再興と元日節会を平座開催に代えることとの関係が判然としないが、[21] 天皇はできれば元日節会を開催したかったものの、県召除目の再興も見据え、仕方がなく平座形式の開催で妥協したのかもしれない。

なお、この平座開催について、親長や実隆が元日節会を平座で開催した先例はないとそれぞれ日記中で述べていることに対して、[22] 実際には先例が存在していたとの指摘がある。[23] しかしその指摘で先例として挙げられている応永元年（一三九四）と永享六年（一四三四）の例は、いずれも諒闇《りょうあん》中の出来事である。[24] また平安時代にも先例が存在したとも指摘されているが、やはり諒闇中であることや、藤原道長の薨去による穢中で節会が停止されていたことを理由としての平座開催である。[25] したがって、親長や実隆が主張するように、元日節会を平座で開催したのは平時では初めてであり、異常な事態であったとみるべきであろう。中世において先例が存在しないことは「新儀《しんぎ》」とされて非難の対象となるのが常であり、それが先にみた勅問を生じさせた。換言すれば、非難の恐れがあるにもかかわらず開催に踏み切るほど、天皇の儀式再興にかける意志が強かったといえよう。

儀式再興に不可欠な費用については幕府からの支援があった。すなわち、行事開催の責任者である上卿《しょうけい》を務めた広橋綱光《ひろはしつなみつ》以下の参仕した人々に対して「装束料」が、諸役所に対しては「御訪《おとぶらい》」がそれぞれ前年冬に支払われていたが、これらはいずれも幕府が支出したものであった。(26)朝廷と同様に財政的に苦しい幕府が自発的に支出したとは考えられず、事前に天皇からの熱心な働きかけがあったからこそ実現したものであったと考えられる。

次に空間（場所）についてである。平座は、陣座《じんのざ》にいる上卿に対して蔵人《くろうど》が「平座で行うように」との天皇の意志（「仰詞《おおせことば》」）を伝え、それを承った上卿が宜陽殿《ぎようでん》での準備を命じることから始まる。(27)しかし前述のように朝廷は内裏から室町殿に避難中であり、宜陽殿を使用することができなかった。よって陣座を宜陽殿に見立てて開催されたが、陣座自体も室町殿内に設けられた臨時のものであり、異例尽くめの開催であったといえる。また人手についても、平座内で役を務めるべき内豎《ないじゅ》が応仁・文明の乱の開始以後はおらず、陣官人《じんのかんじん》が代理としてこれを務めた。(28)

文明七年はこのように、平座とはいえ、限られた物的・人的資源をできるだけ活用して開催されたことがうかがえる。ここから天皇の儀式再興への想いがどれほど強いものであったのかうかがい知ることができよう。

（3）廷臣たちの「御訪」をめぐる駆け引き

翌年の元日節会も平座形式の開催であった。このとき奉行（奉行職事《ぶぎょうのしきじ》。儀式運営担当の蔵人）を務めたのは親長の子息である元長《もとなが》であり、親長が指導・助言していることが確認できる。(29)

ところが翌文明九年はその平座すら開催されなかった。これは、文明八年一一月に起きた火事により室町殿とその周辺にあった公家屋敷が焼亡し、陣座以下の儀礼を行うための空間と参加者である公家衆が着すべき衣服が失われてしまったためである。(30)

文明一〇年には後土御門天皇が寓居する北小路邸（北御所）で、再び平座形式で開催された。応仁・文明の乱は前年九月に実質的な終戦を迎えて戦時から平時に移行しつつあり、元日節会の再興が目指されるべきであったが、北小路邸が狭小であることを理由として平座による開催となった。(31)

その時々で理由は異なるとはいえ、文明九年を除き文明七年・八年・一〇年と平座開催が続けば、それはもはや臨時の措置とはいえなくなる。諒闇時以外の元日節会の平座開催が、例（先例）として定着してしまう可能性が充分にあった。これは、元日節会の復興を目指す天皇としては我慢ならない事態であったであろう。しかもこのとき、新たな先例が誕生しようとしていた。

平座に限らず朝廷で行われる正月行事の費用は、前年末開催の貢馬御覧《くめごらん》のためという名目で幕府が進上した金銭（貢馬要脚《くめようきゃく》）により賄われていた。(32)そのなかに含まれる「六位外記史御訪《ろくいのげきしおとぶらい》三百疋《ひき》」をめぐって、相論が勃発したのである。(33)

従来は、外記局《げききょく》に所属して史を兼帯する六位外記が参陣（陣座へ出仕）して史の職務を兼担し、その対価として幕府からの御訪を受領していた。これに「官方」、すなわち弁官局が、「（弁官局を本属として外記を兼帯していない）六位史が参陣できないのは「義理」に背く。参陣させてほしい」と要望を出してきた。史として果たすべき職務があるのに果たせていない状況への不満を申し立ててはいるが、幕府からの御訪という臨時収入が得られる絶好の機会を外記局が独占しているのはおかしいという不満が背景にあるのであろう。これを受けて朝廷内で審議がなされた結果、外記局を本属とする史（中原康純《なかはらやすずみ》）と弁官局を本属とする史（安倍盛俊《あべのもりとし》）の両者で三〇〇疋を分割することとし、もしどちらか一方がその処置に不満を述べたならば、不満を述べなかった方に全額である三〇〇疋を与えることにした。このことを康純と盛俊の両者を召し出して申し伝えたところ、盛俊は半分でも貰えるのであれば参陣すると述べたが、康純は分割案を受け入れ難いと述べ、当日も欠勤した。このため急遽盛俊がその場で権少外記《ごんのしょうげき》に補任《ぶにん》されて康純が担うはずであった職務を遂行した。(34)

文明一一年も北小路邸での平座開催となったが、またもやこの御訪をめぐって問題が生じた。文明一一年の平座開催には、左少史《さしょうし》兼権少外記である安倍盛俊が外記として参陣し、右大史高橋俊職《うだいしたかはしとしもと》が史として参陣した。今回も前年と同様に幕府から三〇〇疋が支出され、盛俊が受け取ることになっていたが、これに今度は俊職が不満を申し立てた。そのため、「御昇進用銭」（将軍足利義尚の従一位昇進のための金銭のことか）[35]の「余分」から俊職へ三〇〇疋が下行された。[36]

天皇の儀式再興にかける強い想いとは裏腹に、廷臣たち、特に実務を担う廷臣たちにとっては自らの収入の確保こそが大事であった。労働に対しては対価が支払われるべきであるという考えが浸透しており、それが叶わないとなれば労働を拒否するのが普通であったのである。ただ、このように書くと廷臣側の立場の強さが印象付けられるが、一度支払った御訪について、現地へ赴いたものの実際の労働がなかったとして返還が求められている例もある。[37]朝廷・幕府・廷臣のいずれにも余裕がなく、少ないパイを取り合っていたというのが実情であろう。

（4）儀式作法の「継承」を強く願う天皇

新たな例も生み出しながら元日節会の代替として平座開催が行われてきたが、その舞台となった北小路邸も文明一一年七月に焼失してしまう。[38]天皇は再び儀式開催の空間を失ってしまったが、同年一二月に念願の土御門内裏への還幸を果たし、[39]儀式開催の空間確保に成功した。

早速天皇は儀式再興を目指して動き出す。それは、節会が再興されるべきであるにもかかわらず「当時作法言語道断式」であり、平座形式の開催はもう行うべきではないとの考えからであった。[40]すなわち天皇は、節会に代わって平座形式の開催が続くことによって節会における作法が忘れ去られつつあり、儀式作法の「継承」が危うくなっていると感じていたのである。しかし節会の会場となる紫宸殿《ししいでん》が未完成であり、会場の準備が充分に行えないことなどを理由として平座開催に決した(41)。

天皇の無念さはいかばかりかと慮ってしまうが、天皇の悩みはそれだけで終わらなかった。今度は、開催費用がないことを理由として四方拝(42)が中止となっているにもかかわらず平座を開催することの是非について悩み、勧修寺《かんしゅうじ》《かじゅうじ》教秀《のりひで》に相談したことが『親長卿記』に書きとめられている(43)。勧修寺教秀は惣用方伝奏であり(44)、儀式開催費用について幕府と協議・交渉すべき立場にあった。教秀からの返答は『親長卿記』に記されていないが、別の日の『親長卿記』には、天皇は幕府に対して「年始公事」の費用を支出していない現状を責め、今回こそは支出するよう迫ったことが記されている。これに対して幕府は、四方拝と平座への支出を約束した。これを聞いた親長は「めでいたことです」と天皇に返答したという(45)。

幕府からの支援により平座だけでなく四方拝も開催の目処を立てることができた天皇であったが、今度は人選の問題に悩まされることになった。

四方拝と平座の開催決定は開催日である元旦の三日前であったため、早急に担当する上卿と奉行を決定する必要があった。天皇は事前に親長から提出されていた平座上卿の候補者リストから徳大寺《とくだいじ》実淳《さねあつ》を選択したものの、最終決定の前に親長に相談をした。親長は実淳を適任とは見做さなかったらしく、代わりに勧修寺経茂《つねもち》が御訪があるのであれば担当したいと申していると奏上した(46)。これに対して天皇は、上卿に対しては御訪が支払われないと回答して経茂案を退けるとともに、実淳に代わって花山院《かさんのいん》政長《まさなが》を指名した。その理由は、「政長が全く出仕していないから」というものであった。しかし政長はこれを断り、他に打診された者も上卿の役目を拒否したらしい。そこで天皇は開催前日の大晦日に親長を中御門《なかみかど》宣胤《のぶたね》の許に派遣し、明日の平座の上卿を引き受けるよう説得に当たらせた。宣胤がこれを了承してくれたため、平座の上卿は確保することができた(47)。

また、平座の奉行は問題なく決定したが、同日に行う四方拝の奉行決定に際しては一悶着あった。

平座の奉行は、頭中将《とうのちゅうじょう》正親町三条実興《おおぎまちさんじょうさねおき》が慣例により甘露寺元長《もとなが》に「与奪」した。(48) また四方拝については坊城《ぼうじょう》俊名《としな》に「与奪」した。そうしたところ、俊名が御訪の支払いを要求してきたのである。(49)

四方拝で奉行を務めた者に対して御訪がいつから支払われていたのか判然としないが、「四方拝の奉行に対しても御訪を支払えば不足が生じる」と述べられていることから、(50) 先例がないことであったのであろう。そしてその不足する恐れがあることを理由として、すでに平座の奉行を引き受けていた元長に対して、「雑色酒肴分《ぞうしきしゅこうぶん》」として支出予定であった一〇〇疋を元長に支払う条件で四方拝の奉行を兼任させることが、勧修寺教秀から親長に提案されたのである。(51) これを親長は「不可説」（言語道断なことである）と非難しつつも、それは「近日の風」（最近の風潮）であるとして了承した。(52) ちなみにこの一〇〇疋というのがその後は奉行の得分として定着したらしく、文明一七年の四方拝においては四方拝の費用総額五四〇疋のなかに「雑色酒肴分」は確認できず、代わりに「奉行職事御訪」として一〇〇疋が計上されている。(53)

このように直前に騒動はあったものの、親長や宣胤の協力によって文明一二年は平座とはいえ開催することができた。翌文明一三年も、実隆が上卿を、元長が奉行をそれぞれ務めて無事に行われた。(54) しかし宣胤はいまだに節会が再興されないことに不満を述べている。同様の不満を前年（文明一二年）の平座開催の際にも述べており、いずれの年でも「御沙汰之次第如何」（どうして平座開催が決定されたのであろうか）と天皇の判断に疑義を呈して非難するかのような表現がみられる。(55) 宣胤も親長と同様に故実に明るい人物であり、だからこそ本来は諒闇時にしか開催されない非常手段であった平座開催が、平時の行事として定着しつつある現在の状況に大きな不満を抱いていたのであろう。

しかし天皇が平座開催を良しとせず元日節会を開催すべく努力していたことは、これまでもみてきたとおりである。さらに天皇は、応仁・文明の乱以降、元日節会のみならず正月三節会（元日・白馬・踏歌）が開催されていないことにより節会の儀式作法が途絶えることを強く危惧していた。(56)

そのために天皇が取った手段が、「習礼《しゅうらい》」（稽古・練習）の開催である。まず元日節会について、文明一四年正月一日に親長を御前に召し出して節会の習礼を行いたいと相談した。天皇は正月一五日以降の開催を求めたが、親長はまずはそのために人を集めて「評定《ひょうじょう》」（会議）を行い、開催場所や参加者の分担などを話し合ったり確認したりする必要があると述べ、早期の実現は難しいとの見解を示した。[57] しかし天皇はめげずに翌日も親長を御前に召し出し、「一五日以前に行いたい。できれば一一日に実施したい。七日に会議を開催したい。親長が奉行役を務めるように」と、具体的かつより厳しい日程を親長に話した。[58]

天皇がこれほどまでに強硬な姿勢を取った理由は何であろうか。それは、正月一日に親長に相談する前に行われた四方拝で、廷臣たちが先例を知らないことにより問題が生じたためであるとみられる。

四方拝は元旦早朝（寅刻一点、午前三時）に開始され、「暁天」（夜明け頃）に終わるのを例としていた。[59] しかしこの年に行われた四方拝の終了時刻は暁天を過ぎて「天明」（日の出頃）にまでずれ込んだ。その理由は、大晦日深夜からの降雪により通常の開催が難しくなったが、参加した廷臣たちがいずれも「雨儀」（雨天時の儀式開催方法）を知らなかったため、天皇と廷臣が何度も問答して儀式の実施場所の決定に時間を要したからである。[60] そのことを天皇から聞かされた親長が「自分が蔵人のときに奉行として一度だけ雨儀を経験したことがある」と述べているので、[61] 雨儀はあまりないことであったのかもしれない。しかし、その場に参列した人々に限ったこととはいえ、先例や故実の墨守を至上命題とする公家衆の誰もが雨儀の方法を知らなかったことは驚くべきことといえよう。正月三節会に限らずここでも、儀式作法の「継承」が断絶の危機に瀕していたのである。

そしてその後に開催された平座においても公家衆の失態は続き、平座において奉行を務めた坊城俊名の進行の不手際は公家衆の間で噂になるほど無様なものであった。[62] しかも上卿を務めた唐橋在治《からはしありはる》も儀式作法に関しては無知で、平座開催の前日に親長に教えを乞う有様であった。[63] 彼らの失態は天皇の耳にも入ったであろう。親長のようなごく一

部の者にしか儀式作法が「継承」されていない現状を目の当たりにした天皇は、危機感をより一層強くしたに違いない。(64)

親長の奔走により七日に開催された評定では、またもや儀式作法の「継承」が断絶しそうになっている事実が明らかとなった。

節会では内弁《ないべん》(一人)と外弁《げべん》(複数名)がそれぞれ任命される。天皇は、白昼開催とするのであるからその外弁の上首は練歩《れんぽ》をすべきであると主張した。練歩とは、儀式内での特別な歩行の仕方を指す。しかしその場に集められた公家衆たちは、白昼開催の節会に参仕したことがない者や、そもそも節会のことを全く知らない者たちばかりで、練歩の経験がなかった。唯一の例外(外弁として練歩した経験者)が親長であったため、天皇は親長に対して奉行役ではなく外弁役を務めることを命じた。(65) 天皇と親長だけが儀式作法「継承」の命綱であったのである。

直前に実施予定日を延期せざるを得ない問題が生じたものの、(66) 一四日に開催された習礼は無事に終了した。その次第は親長の日記にセリフも含めて詳しく記述されている。その詳細さは他の記事を圧倒しており、まさに元日節会の手引書のようである。(67) 親長は、儀式作法の「継承」のためにあえて詳細に記したのであろう。また同じ年には他の節会(白馬節会・踏歌節会)についても習礼が実施されており、(68) それらはいずれも天皇の強力なリーダーシップと親長の知識や実務の面での手厚い支援があったからこそ実現したものと評価されている。(69) 天皇は、有職故実に明るい親長の全面的な支援を受けて、儀式とその作法の「継承」を果たすことができたのである。

おわりに

天皇の主導で元日節会の習礼が開催されたものの、直後の文明一五年の元日節会は平座開催となった。その理由は不明であるが、費用の問題のほか、廷臣たちが儀式への参加を忌避していたことが原因として挙げられそうである。(70)

しかも儀式の途中で勝仁《かつひと》親王（のちの後柏原天皇《ごかしわばらてんのう》）のもとで御祝が始まり、そこで親王から盃の下賜があることが知らされると、見物していた廷臣たちは親王の許に参上した。[71] 廷臣たちにとっては、儀式化（演劇化）して盃の下賜もない宴会（＝平座）よりも、実質を伴い盃の下賜もある宴会（＝御祝）の方が、参加する価値があるものだったのである。

文明一六年も平座開催であった。[72] 翌文明一七年も平座ながら開催される予定で、上卿も奉行も事前に決定され、上卿に定められた海住山高清《かいじゅうせんたかきよ》は実隆から、奉行に定められた清閑寺家幸《せいかんじいえゆき》は親長から、それぞれ指南を受けていた。[73] しかし、朝廷の正月行事開催のために使用する幕府進上の「御服要脚」は二〇〇〇疋だけで、[74] 通常の一〇〇〇〇疋には遠く及ばない額であった。[75] そのため平座は急遽中止となった。[76] 親長はこのことを自身の日記の同日条に二度も記して強調しており、[77] 親長の無念さがうかがえる。文明七年以来かろうじて開催されてきた元日節会の平座開催が、途切れた瞬間であった。

文明一八年はその要脚が一〇〇〇疋しか進上されなかった。そのため四方拝は行われたものの、平座は不開催となった。[78] 翌長享元年（一四八七）は、前年末に起きた外宮《げくう》焼失のために中止となったともいわれているが、[79] 実のところはやはり費用の不足による中止であった。[80] 長享二年も延徳元年（一四八九）も同様である。[81]

元日節会の再興は延徳二年に実現したが、これも天皇の治世末期には中絶してしまう。その理由は、またもや費用の問題であった。[82] 財政と人材の問題に常に悩まされながら、一時的とはいえ元日節会の再興を果たして元日節会「継承」の架け橋となった天皇は、明応九年（一五〇〇）に崩御した。[83]

ここまで、現代では入学式と卒業式を、中世では元日節会を例として、儀式の「継承」についてみてきた。中世の元日節会は、平時の平座開催という新しい方式を経て再興されたものの、その後も中絶と再興を繰り返していく。[84] しかし現代の入学式や卒業式は、やはりその方式を変えつつも、いずれも挙行されるに至っている。中世の後土御門天皇や甘露寺親長のような特定の個人の活動はまだみえてこないが、各大学において、きっと彼らに相当する人物やチームが存在した（している）はずである。一刻も早くコロナ禍が終息し、そうした人々の活動を過去のものとして記述できる日が来ることを心から待ち望んでいる。

註

（1）各大学の情報を収集するに際しては、各大学のホームページに設置されているサイト内の検索機能を利用した。特に注記がない限り、すべて各大学のホームページから取得した情報である。なお、いずれも最終閲覧日は令和四年三月一九日であり、その後変更が生じていた可能性もある。ただし同日時点で令和四年度入学式の開催形態が確認できなかった東京医科歯科大学と一橋大学については、同年三月三一日に各大学のホームページを閲覧し、改めて確認を行った。開催直前まで検討を行っていたために情報の公開が遅れたのであろう。

（2）「新型コロナ　緊急事態　首都圏発令へ　今夕対策本部で準備」（令和二年四月六日付読売新聞夕刊東京版）。

（3）「新型コロナウィルス感染症の拡大にともなう学内入構禁止措置について」（お茶大ホームページ〈https://www.ocha.ac.jp/news/20200408.html〉、最終閲覧日令和四年三月一九日）。

（4）「令和3年度入学式及び関係行事について」（お茶大ホームページ〈https://www.ocha.ac.jp/news/20210311_2.html〉、最終閲覧日令和四年三月一九日）。

（5）「令和元年度卒業式・大学院学位記授与式等の開催方法変更について」（お茶大ホームページ〈https://www.ocha.ac.jp/news/d000000a.html〉、最終閲覧日令和四年三月一九日）。

（6）「令和元年度東京大学学位記授与式・卒業式」（東京大学ホームページ〈https://www.u-tokyo.ac.jp/focus/ja/articles/n_z1301_00019.html〉、最終閲覧日令和四年三月一九日）。

（7）「「2019年度首都大学東京卒業式・修了式」（会場：東京国際フォーラム）の中止について」（東京都立大学ホームページ上pdfファイル〈https://www.tmu.ac.jp/extra/download.html?d = assets/files/download/news/20200228_graduation-ceremony.pdf〉、最終

閲覧日令和四年三月一九日）。

（8）卑近な例、かつ今回の調査対象ではない大学の例で恐縮であるが、筆者の大学卒業式（平成一六年三月、於慶應義塾大学日吉キャンパス）は、式典会場に入れたのはその年の卒業生と卒業してから二五年を迎えた卒業生のみで、保護者は同じキャンパスにある大型スクリーンが設置された別会場に案内され、そこで同時中継された映像を視聴した。

（9）「令和2年度東京大学入学者歓迎式」（東京大学ホームページ〈https://www.u-tokyo.ac.jp/ja/students/events/h15_01_r2.html〉、最終閲覧日令和四年三月一九日）。

（10）「新2年生「令和2年度入学の式典」のお知らせ（4月5日挙行）」（東京芸術大学ホームページ〈https://www.geidai.ac.jp/news/2021032599481.html〉、最終閲覧日令和四年三月一九日）。

（11）「令和2年度入学者進学式について」（お茶大ホームページ〈https://www.ocha.ac.jp/news/20210311_1.html〉、最終閲覧日令和四年三月一九日）。

（12）応仁・文明の乱についての研究は多いが、最新の概説書として拙著『応仁・文明の乱と明応の政変』（吉川弘文館、二〇二一年）を挙げておく。

（13）逆に、確実に報酬が得られるのであればその仕事を獲得しようと必死になる。前註拙著二〇四～二〇五頁で取り上げた、唐橋在数《からはしありかず》の例など参照。

（14）本稿で特に取り上げる元日節会の復興については酒井信彦「応仁の乱と朝儀の再興―正月三節会を中心に―」（『東京大学史料編纂所研究紀要』五、一九九五年）があり、後土御門天皇の朝廷儀式復興活動全般については豊永聡美「後土御門天皇―心を砕いた朝儀復興―」（久水俊和・石原比伊呂編『室町・戦国天皇列伝』戎光祥出版、二〇二〇年）が先行研究を踏まえてわかりやすく述べている。また親長の活動に焦点を当てた研究として、井原今朝男「室町廷臣の近習・近臣と本所権力の二面性―甘露寺家を中心に―」（同『室町廷臣社会論』〈塙書房、二〇一四年〉所収、初出二〇〇八年）、同「甘露寺親長の儀式伝奏と『伝奏記』の作成―室町後期における公家官制史の一考察―」（同書所収、初出二〇〇九年）等がある。

（15）近藤好和『朝廷儀礼の文化史―節会を中心として―』（臨川書店、二〇一七年）四頁。ただし、そうした意識は平安時代末期に変化し、節会を古来の作法通りに恙なく進行させることが最重要視されていくようになるという（同書三三七～三三八頁）。南北朝期以降になると、酒宴の要素を強く有していたとみられる「御祝」が中世社会で広まりをみせ、朝廷においても前述した上皇・天皇と将軍の同居を契機として年中行事化するという。酒井信彦「朝廷年中行事の転換―「御祝」の成立―」（『東京大学史料編纂所研究紀要』一八、一九八三年）参照。
(16)前註近藤著書九頁。
(17)前掲註（14）酒井論文。
(18)『親長卿記《ちかながきょうき》』（『史料纂集』）文明七年正月一日条。
(19)『実隆公記《さねたかこうき》』（続群書類従完成会）文明七年正月一日条。
(20)県召除目のほか、今回本稿で取り扱わなかった朝廷儀式の応仁・文明の乱後の再興状況については、富田正弘「室町殿と天皇」（久留島典子・榎原雅治編『展望日本歴史11　室町の社会』〈東京堂出版、二〇〇六年〉所収、初出一九八九年）掲載の「表9　応仁の乱以後の朝儀復興状況」参照。
(21)このことについては後掲註（35）参照。
(22)前掲註（18）および（19）。
(23)前掲註（14）酒井論文。
(24)『和長卿記《かずながきょうき》』応永元年正月一日条（『大日本史料』同日条収載）、『師郷記《もちさとき》』（『史料纂集』）永享六年正月一日条。
(25)『日本紀略《にほんきりゃく》』（『新訂増補国史大系』）長和元年（一〇一二）正月一日条、同長元元年（一〇二八）正月一日条など。
(26)『長興宿禰記《ながおきすくねき》』（『史料纂集』）文明七年正月一日条。
(27)『康富記《やすとみき》』（『増補史料大成』）応永二五年（一四一八）一〇月一日条など。
(28)前掲註（18）に同じ。
(29)『親長卿記』文明八年正月一日条。なお、元日節会の代替として開催された平座（元日平座）の参仕者と後述する四方拝《しほうはい》の奉行については、稿末に一覧表（表2）を掲出したので適宜参照されたい。
(30)『親長卿記』文明一〇年正月一日条。
(31)前註に同じ。

(32)『親長卿記』(『大日本史料』収載。同記文明一四年六月以降の記事は同書による)文明一六年正月一日条のなかにある「御訪」に「貢馬」と傍書されている。また『実隆公記』文明一六年正月一日条の「貢馬」にも「近年は御服要脚と称している。一万疋の進上があるべきであるが、今回は赤松政則《あかまつまさのり》が備前国や播磨国のことで進納していないので、大半がいまだ朝廷に進上されていない」と割注（説明）が付けられている。『宣秀卿御教書案《のぶひできょうみぎょうしょあん》』(『大日本史料』延徳元年正月一日条収載。同史料については、末柄豊研究代表『室町・戦国期の符案に関する基礎的研究』〈二〇〇四～二〇〇五年度科学研究費補助金基盤研究（C）研究成果報告書、二〇〇六年〉参照）によれば、これは応仁・文明の乱前は貢馬要脚として課せられていたものが乱後は足利義政の御服要脚として課せられたもので、武田国信《たけだくにのぶ》（若狭守護）が一〇〇〇疋、赤松政則（播磨・備前・美作守護）が三〇〇〇疋の納入義務を負っていたとある。文明一二年当時赤松政則は、守護を務める播磨国と備前国の支配権をめぐって山名政豊《やまなまさとよ》と戦火を交えていた（前掲註（12）拙著一八〇～一八二頁参照）。前掲『実隆公記』の記事は、このことと関係するとみられる。なお『宣秀卿御教書案』には、御服要脚の支出内訳が書きとめられている（『大日本史料』文明一二年・文明一七年・文明一八年の各正月一日条などに翻刻収載）。応仁・文明の乱後の貢馬要脚・御服要脚については、本稿の主題から外れるので稿を改めて検討したいと考えている。

(33)前掲註（30）および『晴富宿禰記《はるとみすくねき》』(『図書寮叢刊』）文明一〇年正月一日条。以下の経緯の記述についても同様。またこの一件は、前掲註（12）拙著二〇六頁でも取り上げたので参照されたい。

(34)なお、この史が外記を兼帯したことも異例であった。先述のように先例の存在しない「新儀」は非難の対象となったため、親長の主導によって先例の存在の有無について調査がなされている（『晴富宿禰記』文明一〇年正月一四日条）。文明一〇年の親長は平座において奉行を務めた元長の父という立場でしかなかったが、天皇から何らかの指示を受けて動いていたのかもしれない。

(35)義尚の昇進については『公卿補任《くぎょうぶにん》』(『新訂増補国史大系』）文明一一年条参照。なお、この従二位叙位を行う小叙位儀《しょうじょいのぎ》が正月五日に予定されているためまず平座を行ったとの記事がある（『長興宿禰記』同年正月一日条）。やや時代が下るが、元日節会を開催しなかったにもかかわらず叙位儀を行うことについて、三条西公条《さんじょうにしきんえだ》が異論を述べている記事もある（『言継卿記《ときつぐきょうき》』〈続群書類従完成会弘治二年〈一五五六〉正月五日条〉。文明七年の平座開催の際にも県召除目開催との関係が述べられていたが（前述）、叙位や除目を開催するのであれば元日節会が、少なくともその代替としての平座開催が必要とされていたのであろう。

(36)『晴富宿禰記』文明一一年正月一日条。なお、翌文明一二年の元日節会の平座開催に弁官局を本属とする史は参陣せず少外記清原《きよはら》賢親《かたちか》がその職務を代行し（『長興宿禰記』文明一二年正月一日条）、文明一三年は少外記中原康純がその職務を代行した（『実隆公記』文明一三年正月一日条）。しかし文明一四年は左少史で権少外記を兼ねる安倍盛俊が参陣して両方の職務に従事した。結局、外記と史の二名参仕体制は根付かなかったようである。なお、外記の在職期間については井上幸治編『外記補任』（続群書類従完成会、二〇〇四年）を参照した。

(37)『晴富宿禰記』文明一〇年二月二六日条。

(38)『大日本史料』文明一一年七月二日条収載の各史料。

(39)『大日本史料』文明一一年一二月七日条収載の各史料。

(40)『宣胤《のぶたね》卿《きょう》記《き》』（『増補史料大成』）文明一二年正月一日条。

(41)『晴富宿禰記』文明一二年正月一日条および『長興宿禰記』同日条。

(42)四方拝は、応仁・文明の乱後は文明七年・八年に行われたものの、その後は中絶していた。前掲註（14）酒井論文参照。なお四方拝については渡辺美穂子『元旦四方拝の研究』（啓文社書房、二〇二〇年）も論じているが、中世の開催状況に関する記述はわずかである。

(43)『親長卿記』文明一一年一二月二四日条。

(44)前掲註（14）井原「甘露寺親長の儀式伝奏と『伝奏記』の作成―室町後期における公家官制史の一考察―」によれば、このとき教秀は武家伝奏であり惣用方伝奏でもあったという。なお、井原は惣用方伝奏と史料上の「物伝奏」を同一視しているが、「物伝奏」は広義の武家伝奏と捉える方が主流であろう。当該期武家伝奏については、瀬戸薫「室町期武家伝奏の補任について」（『日本歴史』五四三、一九九三年）、明石治郎「後土御門天皇期における伝奏・近臣」（羽下徳彦編『中世の政治と宗教』〈吉川弘文館、一九九四年〉所収）、木下昌規「足利将軍家に仕えた公家たち―戦国期の武家伝奏と昵近衆の活躍」（日本史料研究会監修・神田裕理編『伝奏と呼ばれた人々―公武交渉人の七百年史―』ミネルヴァ書房、二〇一七年）等を、儀式伝奏については渡辺修「中世儀式伝奏の成立」（『史料（皇學館大学史料編纂所報）』一九四、二〇〇四年）、同「中世儀式伝奏の補任」（『皇學館論叢』三七－五、二〇〇四年）参照。物伝奏と惣用方伝奏の関係については後考を期したい。

(45)『親長卿記』文明一二年正月一日条。

(46)経茂は、応仁・文明の乱中は奈良に滞在し、乱中から文明一五年までの春日祭の上卿も務めていた（『宣秀卿御教書案』）。しかし有職故実に堪能であったために任されたというよりは、興福寺から経済的支援を受けることと引き換えに務めた面が強い（前掲註(12)拙著二〇一頁参照）。今回も御訪目当てであることは明白であろう。経茂の無能さについては、末柄豊『戦国時代の天皇』（山川出版社、二〇一八年）九三頁でも指摘されている。
(47)前掲註（40）に同じ。
(48)『親長卿記』文明一一年一二月一九日条。蔵人頭から蔵人への「与奪」については、久水俊和「室町期朝廷儀礼の支出構造―恒例公事を中心に―」（『ヒストリア』二二六、二〇一一年）参照。
(49)前掲註（45）に同じ。
(50)『親長卿記』文明一一年一二月二八日条。なお、平座の奉行に対してはすでに三〇〇疋の御訪が約束されていた。
(51)前註に同じ。
(52)前掲註（45）に同じ。なお、同記文明一一年一二月三〇日条も参照。
(53)『宣秀卿記《のぶひできょうき》』（『大日本史料』文明一七年正月一日条収載。なお史料名は『宣秀卿御教書案』とすべきものと思われる）。
(54)『実隆公記』文明一三年正月一日条。なお、実隆は同条で平座の次第を詳細に記している。
(55)前掲註（40）および『宣胤卿記』文明一三年正月一日条。
(56)『長興宿禰記』文明一四年正月一四日条。
(57)『親長卿記』文明一四年正月一日条。
(58)『親長卿記』文明一四年正月二日条。
(59)前掲註（42）渡辺著書など。
(60)前掲註（57）に同じ。
(61)前註に同じ。
(62)前註に同じ。
(63)『親長卿記』文明一三年一二月三〇日条。この条で親長は在治のことを「此仁自元無有識」（もともと有職故実を知らない人物である）と酷評している。

(64)儀式作法だけにとどまらず廷臣たちの事務処理能力の低下が深刻であり、親長や実隆のような有職故実を熟知した一部の有能な廷臣に仕事が集中する傾向にあった。前掲註（46）末柄著書九〇～九七頁参照。

(65)『親長卿記』文明一四年正月七日条。

(66)当初習礼は、天皇の指示通りに一一日に開催される予定であった。その間親長は、紫宸殿など会場となる建物を見回って図面を作成したり、節会に必要な「兀子《ごっし》」（一人用の腰掛け）や「長床子《ながしょうじ》」（複数人用の腰掛け）の製作を番匠に指示したりするなど忙しく立ち回っていた（『親長卿記』文明一四年正月七日・一四日条）。ところが、六日に室町殿で犬死穢が発生した。穢れの期間は一一日までとされたが、その間の一〇日は公家衆たちが室町殿と禁裏に新年を祝って参賀する定例日であり、室町殿で発生した穢れが公家衆たちを通じて禁裏に持ち込まれる恐れがあった。そのような状況の室町殿や禁裏に参賀してよいものか迷った親長は一〇日早朝に参内し、天皇の指示を仰いだ。天皇ははじめての習礼であるから慎重を期したいと考え、習礼を一四日に延期した（同文明一四年正月一〇日条）。

(67)『親長卿記』文明一四年正月一四日条。

(68)白馬節会については同年二月七日に、踏歌節会については同年三月六日に、それぞれ行われた。いずれも『大日本史料』同日条収載の各史料参照。

(69)前掲註（14）酒井論文。

(70)同日に開催された四方拝では、脂燭《しそく》（紙燭とも書く。松明のこと）を灯すために候ずべき殿上人《てんじょうびと》（四位・五位の廷臣のうち、清涼殿殿上間への入室を許可された者）が天皇によって事前に指名されたが、誰一人として承知しなかったという。その一方で、同日夜に開催された御祝には殿上人を含めた複数の公家衆が参加している（『親長卿記』文明一五年正月一日条）。公家衆たちは、仕事は拒否するものの、気軽に参加できる宴会であれば進んで参加したようである。なお前掲註（46）末柄著書九四頁参照。

(71)『実隆公記』文明一五年正月一日条、『親長卿記』同日条。

(72)文明一六年の平座開催に際しては、貢馬伝奏《くめてんそう》柳原資綱《やなぎはらすけつな》の不手際により開催日当日になっても六位外記史と陣官人に対して御訪（それぞれに三〇〇疋。計六〇〇疋）の下行がなされていなかった。そのため両者は出勤しない構えをみせていた。これを知った親長は積雪しているなか資綱の屋敷に向かい、資綱が状況の打開策を話し合うために参内しているとわかると長橋局《ながはしのつぼね》に赴いた。長橋局に到着すると資綱と勾当内侍《こうとうのないし》がそのことを話し合っている最中であったので、親長もそれに参加した。結局、勾当内侍が五日に使用するために取っておいた四〇〇疋を資綱が借用して拠出し、残りの二〇〇疋は御服要脚の残額から支出することになった。御訪の一部を立て替える形になった勾当内侍は資綱に対して五日までの返済を要求したが、資綱は難色を示した。資綱は一五日のうちに返済すると述べたが勾当内侍は首を縦に振らず一〇日頃までの返済を求めたため、資綱はしぶしぶ了承した（『親長卿記』文明一六年正月一日条）。

(73)『実隆公記』文明一七年正月一日条、『親長卿記』同日条。

(74)前掲註（53）。

(75)前掲註（32）。

(76)『お湯殿の上の日記』（『続群書類従』）文明一七年正月一日条。

(77)『親長卿記』文明一七年正月一日条。

(78)『お湯殿の上の日記』文明一八年正月一日条。『親長卿記』同日条によると、この一〇〇〇疋は武田国信が進上したもので、ほかの大名は進上しなかったようである。

(79)『後法興院政家記《ごほうこういんまさいえき》』長享元年正月二日条（『大日本史料』同月一日条収載）。

(80)『お湯殿の上の日記』長享元年正月一日条。

(81)『後法興院政家記』長享二年正月三日条（『大日本史料』同月一日条収載）、『宣秀卿御教書案』（『大日本史料』延徳元年正月一日条収載）。なお、延徳元年の平座について『宣秀卿御教書案』によれば、すでに進納された武田国信進上の一〇〇〇疋に加えて赤松政則から三〇〇〇疋が進上されれば平座を開催する予定であり、開催前日の大晦日まで宣秀と幕府奉行人松田数秀《まつだかずひで》との間で折衝が続けられていたことがわかる。また実隆は、諒闇時に正月節会の代替として行われていたはずの平座が近年は平時の開催形式となってきているので、もし諒闇中の今年（前年に後土御門天皇生母嘉楽門院《からくもんいん》薨去。『大日本史料』長享二年四月二八日条収載各史料参照）に行われたならば、諒闇時と平時との差がなくなってしまうと述べている（『実隆公記』延徳元年正月一日条）。鋭い指摘である。

(82)前掲註（14）酒井論文。

表２　応仁・文明の乱後の元日平座の参仕者と四方拝の奉行（網掛けは不開催年）

	上卿	奉行	六位外記・史	参議・少納言	四方拝奉行
文明７	広橋綱光	勧修寺政顕	中原康純（外記。史兼帯）	町広光（参議。ただし当日不参）、高辻長直（少納言）	勧修寺政顕
文明８	勧修寺教秀	甘露寺元長	清原賢親（外記。史兼帯）	町広光（参議）	勧修寺政顕
文明９					
文明10	町広光	甘露寺元長	安倍盛俊（史。外記兼帯）		甘露寺元長
文明11	勧修寺教秀	甘露寺元長	安倍盛俊（外記）高橋俊職（史）		不開催
文明12	中御門宣胤	甘露寺元長	清原賢親（外記。史兼帯）		甘露寺元長
文明13	三条西実隆	甘露寺元長	中原康純（外記。史兼帯）		葉室光忠
文明14	唐橋在治	坊城俊名	安倍盛俊（外記。史兼帯）		坊城俊名
文明15	正親町公兼	坊城俊名	（不明）		坊城俊名
文明16	町広光	甘露寺元長	安倍盛俊（外記。史兼帯）		園基富
文明17					甘露寺元長
文明18					中御門宣秀
長享元					万里小路賢房
長享２					清閑寺家幸
延徳元					

※文明15年の元日平座の奉行については、『御湯殿の上の日記』は甘露寺元長であったと記す一方、『親長卿記』と『実隆公記』は坊城俊名と記している。親長も実隆も平座を見物していることがそれぞれの日記記事から確認でき、参加者を認識していたとみられるので、実際に奉行を担当したのは俊名であると判断した。

（83）『公卿補任』明応九年条。

（84）前掲註（20）富田論文。

〔付　記〕本研究は、ＪＳＰＳ科研費JP21K00867の助成を受けたものである。

〈コラム〉 昔話——ワープロ・パソコン・データベース——

安田 次郎

私は字が下手だ。小学二年から中学一年の終わりころまで外国にいて現地の公立学校に通っていた。小さいときに日本語をきちんと書く教育を受けなかったせいだと思いたいが、その後半世紀以上も経っているので、言い訳にはならないだろう。私の手書き文字は人様に見せられたものではないので、失礼を顧みずに私信も機械で印字している。同様の手紙を頂戴すると、仲間に出会ったような気がして嬉しい。

私が高校を卒業した一九六九年は、大学紛争の影響で東京大学の入試がなかった。他の大学を受けて落ち、一浪して東大に入り、一留して一九七五年の年始に卒業論文を提出した。その卒論のほとんどは、私のなぐり書きの下書きを解読しながら先輩と友人が万年筆で清書してくれたものである。卒論は、本文が四百字詰め原稿用紙で一〇〇枚以内、注や図表は枚数制限なしという規程であった。当時の文学部国史学研究室（現日本史研究室）は、卒論を他人に清書してもらうことを許しており、論文の締め切りが近づくと友人たちが執筆者の自宅や下宿などに詰め、原稿用紙の升目をせっせと埋める作業に従事するのが恒例行事となっていた。たま（?）に全文自筆の卒論が提出されると、指導教官が「〇〇君は（清書してくれる）友人がいないのか?」と心配するという話であった。[1] 二年後に提出した修士論文も、ほとんど友人が清書してくれたものだった。修論は枚数制限がなく、本文だけで数百枚を書いたという先輩もいたが、二〇〇枚前後が多かったように思う。私のは一二〇余枚で、短さではトップクラスだっただろう。

ワープロ（ワープロ専用機のこと）が欲しいと思うようになったのは、万年筆で字を書くのが大変で、書き上がったものと対面するのはさらに辛かったからである。教育研究職をめざしたので、論文を書いて発表しなければならなくなったが、締め切りが厳格な卒論や修論とちがって、受付随時の学会誌への投稿論文まで友人に清書を頼るわけにはいかない。したがって、投稿論文は全文自筆のものを提出したが、三本目の論文をようやく書き上げて史学会の事務局に提出したときの編集担当幹事さんたちの反応を忘れることはできない。(2) 日本女子大学を卒業して間もないF嬢は、私の原稿を見て「…豪快な字ですね」と遠慮がちにおっしゃった。それを耳にしたベテランのKさんは、こらえきれずといった感じでプッと吹き出した。一九八二年のことである。(3)

翌八三年、私は愛知県の私立大学に専任講師として赴任した。ポストは、一般教育の歴史学担当であった。(4) 当時の大学には、おもに一、二年生を対象とした一般教育（教養）課程があり、歴史学は人文科学分野の一科目であった。それまでの四年間は助手で授業は持たなくてよかったので、教育者としてはこの年がスタートだった。

赴任して驚いたことがあった。新米教師を何かと気遣ってくれた二歳年長の日本文学の研究者が、シャープの「書院」を持っているというのだ。ワープロで『平家物語』の注釈を書いたり、授業用の資料を作ったりしていると。「書院」は一〇〇万円以上したので、私の感覚では業務用、個人で買って使うものではなかった。ところがまもなく、ベテランの倫理学の先生も持っておられることがわかり、私も欲しいという気持ちが強くなってきた。(5)

しかし、なにしろ一〇〇万円である。とても手が出ないまま二年ほど経ったとき、日本電機から「文豪」が二タイプ、発売された。専用台に載ったデスクフリー型は五〇万円以上したと思うが、コンパクトなデスクトップ型は四〇万円弱だった。四〇万円でも大金だったが、なんとか手が届く範囲だった。

少しでも安くと思って名古屋の秋葉原といわれた大須観音駅（地下鉄鶴舞線）近くの電気街へ行き、妻の厳重な監視下で買い求めたのが写真のワープロである。文豪NWP－5N。奥行きのあるブラウン管のディスプレイで、右側のフロッピーディスクドライブには五インチのフロッピーディスクが入った。起動用のフロッピーを入れ、機械が立ち上がったら別のフロッピーに入れ替えたと思う。この「文豪」で作業できる分量は今から考えると信じられないほど少なく、A4に一〇枚分ほどの文章を書いたところ、「文書を分割せよ」という指示が画面に現れた。何のことか分からずに無視して書き続けていたらフリーズしたので、あわててマニュアルを取り出して読んだ覚えがある。文字変換能力もまだ低く、印刷される字は二四ドットでいかにも機械文字という感じだったが、清書から解放された喜びは大きかった。古文書によく出てくる「偁」（いわく、曰く）という字が入っておらず、ドットをひとつずつ潰して作字した。

写真　初めて購入したワープロ

「文豪」を買った翌一九八六年の春、お茶の水女子大学に転任した。(6) 在籍することになった文教育学部史学科（現人文科学科比較歴史学コース）には教官共用のワープロがあった。確か「親指シフト」という独自のキーボードを採用した、富士通のオアシスだったと思う。一九八八年一二月発行の『お茶の水史学』三一号の「研究室だより」（現任教官による自由作文コーナー）欄に中国史の岸本美緒先生（一九五二～）が、

今年前半は、論文原稿の締切がいくつか重なり、研究室のワープロを占領して必死でたたいていました。一昨年は、大口先生や小風先生の使っておられるのを指をくわえて眺めているだけであったメカに弱い私も、最近は、同人誌の経費削減のためワープロ原稿での提出を求められることが多く、恐る恐る手を出してみたところ、私でもいじれる嬉しさに、たちまちやみつきになりました。同じような経験をする人が多いのか、この一・二年、「ワープロ」は、かつての「血液型」にかわり、軽い無害

> な話題の王座を占めている感があります

と書いておられ、一九八六年ころにはワープロで書く研究者が多くなっていたようだ[7]。文中の大口勇次郎先生（一九三五〜）は日本近世史の、小風秀雅先生（一九五一〜）は日本近代史の研究者である。おふたりともすでにワープロを使っておられたことがわかる。ただし、日本古代史の権威である青木和夫先生（一九二六〜二〇〇九）は、「僕はぜったいそんなものに触りませんよ」とワープロに強い嫌悪を示されていた。青木先生はきれいで几帳面な字をお書きになったので、清書用の機械は要らないなと私は思っていた。

学生諸君が提出する卒業論文も、少しずつワープロで書いたものが増えてきたので、日本史の卒論をワープロで執筆する場合の形式（執筆要領）が必要となり、小風先生とともに作成した。用紙はA4を横長に使う、縦書き、一頁四〇字×三〇行。この形はいまでも使われているという。お茶大生（のほとんど）はきれいな字を書いたので、原稿用紙に手書きの論文を読むのは苦痛ではなかったが、それでもワープロで書かれたもののほうがはるかに能率よく読むことができた。原稿用紙を袋綴にした卒論に比べると、ワープロで書かれたものはコンパクトで、持ち運びにも便利だった。

日本史の分野でいつころ卒論がワープロ書きに制覇されたのかの記憶がないが、一九九六年一二月発行の『お茶史』四〇号に、西洋史の山本秀行先生（一九四五〜）が、

> 最近の卒論は、ほとんどがワープロで書かれていて、手書きのものは、今回は一五本中わずかに二本だけでした。

と報告されているので、お茶大の比較歴史学コースでは、一九九〇年代後半に手書きの卒論は姿を消したと考えていいだろう[8]。なお、右に続く山本先生の記述は味わい深いので、論旨には関係がないが、引用しておこう。

> こう少なくなると、なぜこの人は手書きにしたのか、気になってきます。恋文にはワープロを使わないでしょうから、きっとこの学生はたくさん手紙を書いていて、そのあい間に卒論を書いたのではなかろうか。などと、つ

い余計なことを考えてしまいます。かつては、たまに「國」とか「學」とかという漢字が卒論にでてきて、清書を手伝う父親の姿に、おもわず熱いものがこみ上げてきたこともありました。

さて、話が少し前後するが、一九八九年（か九〇年）に史学科研究室（助手室）に共用のコンピュータが一台、配備されてきた。これは大学の情報センターの端末としてだった。外国史の先生方はすでに索引作成や文献検索などをパソコンでやっておられたようなので、配備されてきた端末も折に触れてお使いになっていたと思うが、私はほとんど触ることはなかった。記憶にあるのはいちどだけ、大学院の助手さんがEメールの打ち方を教えてくれたときである。ただし、当時はメールを送信するまでにコマンドを何度も（と感じた）打つ必要があって、私にはとても手に負えるものではなかった。熱心に教えてくれた助手さんには悪いが、「これは私には使えない」と思った。しかし、アメリカに帰国していた元留学生に助手さんが打ったメールにすぐに返事がきたので、「すごい！」とも感じた。

外国史の先生方が使うようになっていたコンピュータを、あるときから日本史の人間もいっせいに使うようになった。それは、われわれが所属した比較歴史学講座が一九九六年度からいわゆる実験講座となって研究予算が飛躍的に増え、各自の部屋にコンピュータが配置されたからである。ひとり一台ずつ使える環境がなければ、私がパソコンに移行するのはもう少し遅くなっていただろう。

ウインドウズ95搭載のパソコンは、当初懸念したほど難しいものではなかった。メールも簡単に打てるようになった。ワープロとして使うのが主だったが、インターネットができるようになったのは画期的だった。二〇〇〇年九月発行の『お茶史』に私はつぎのように書いている。

インターネットについて言えば、たとえば、部屋に居ながらにして東大史料編纂所所蔵の史料が検索できるようになった。また同所が公開しているデータ・ベースを簡単に使うことができるので、本郷まで出かけなくても用が足りることが多い。学術情報センター(9)につなげば、これから研究を始めようと思うテーマについて、最近どんな論文があるのか、ある程度見当がつくようになった。不案内なテーマについて学生諸君から質問されても、「学情で調べてみましょう」とやれるのは心強い。論文の注を書くときに、参照した本の発行年を記さなければならないが、これも座ったままでできるようになった。（略）「テルネット」というアイコンをクリックすると、お茶大の図書館、東大の図書館、佐倉の歴史民俗博物館などにつながり、図書が検索できる。蔵書の配架番号まで出るので、東大総合図書館の本で開架のものであれば、誰を煩わすこともなく一時間以内で手にとってみることができる。

その後、ウインドウズは二、三年に一度程度の頻度でバージョンアップを続けて現在のウインドウズ11にいたっているが、ほとんど作文と文献検索しかしない人間にとってはあまり関係のないことであった。私はウインドウズXPついで同7に長くお世話になった。

この間に大きく発展したのがデータベースである。日本中世史を勉強している者にとって、基本史料である『平安遺文』（一九九八年）、『吾妻鏡』（一九九九年）、『玉葉』（同）がCD-ROMになったのは大事件だった。いずれも索引が刊行されていたが、自由な文字列で検索ができるデータベースはまったく便利さが違った。『平安遺文』に続いて『鎌倉遺文』も二〇〇八年にCDが出た。『平安遺文』『鎌倉遺文』を含めて、東大史料編纂所が各種のデータベースを無料でホームページ上に公開し、年々充実させていることは特筆されよう。歴史民俗博物館、国文学研究資料館、国際日本文化研究センターなどが提供するデータベースも貴重。少し前にびっくりさせられたのは、有料であるが、ジャパン・ナレッジの『群書類従（正・続・続々）』である。二〇一四年一〇月に公開された。

さらに史料のデジタル画像がネットで見られるようになったのはありがたい。京都府立総合資料館（現京都府立京都学・歴彩館）所蔵の国宝・東寺百合文書約三万通が、二〇一四年一〇月にネット上で閲覧できるようになった。翌年、東寺百合文書はユネスコ記憶遺産として登録された。

私は二〇二一年、四半世紀前に執筆を承諾した『尋尊』（人物叢書、日本歴史学会編集、吉川弘文館）をようやく上梓することができたが、(10) 尋尊の日記である『大乗院寺社雑事記』を所蔵する国立公文書館のデジタルアーカイブはたいへん便利だった。日記の表の記事はもちろん、料紙の裏の文書（紙背文書）も家に居ながらにして鮮明な画像を閲覧できた。『大乗院寺社雑事記』の刊本一二冊はよくできていて、読み間違いや誤植は少ないが、それでも確認したいことは出てくる。(11) 公文書館は「いつでも、どこでも、だれでも、自由に、無料で」をうたっていて、夜間でも気になったときにすぐに確認できたのはありがたかった。

研究環境は、私が勉強を始めたころに比べると劇的に変化した。最近もＡＩに崩し字を読ませる研究が進んでいると聞いた。私はきれいに字が書けないだけでなく、じつは崩された字もあまり読めない。料紙紙背の書状や奉書などの字は極端に崩されていて難しいものが多いが、それらをＡＩが苦もなく解読してくれる日が来るのだろうか。これからさらにどんなことが起きるのか、楽しみである。

註

(1)独立行政法人となる前の国立大学の教職員は国家公務員。したがって、教員は教官、職員は事務官、技官などと称した。

(2)史学会は東大文学部に事務局が置かれた歴史学の学術団体。一八八九年創設。公益財団法人。投稿論文は厳格な査読をパスすると月刊の『史学雑誌』に掲載され、業績として評価される。

(3)当時史学会の編集部は、私が助手として勤務した国史学研究室に置かれていた。つまり幹事さんたちは、いわば職場の同僚だった。

(4)大学設置基準の大綱化によって、一般教育科目としての歴史学は、多くの大学で一九九〇年代に改組・削減されて若手研究者の就職先が減った。

(5)私の感覚と赴任校の先生方との感覚の差は、収入格差に起因した。国立大学の助手から私立大学の専任講師として着任した私の給与は、少し感激するほど増えた。

(6)講師から助教授としての「栄転」にもかかわらず、年収はかなり減った。

(7)『お茶の水史学』(以降『お茶史』と略記する)は、史学科・比較歴史学コースの在籍者・修了者、および現任・前任教員によって構成された読史会の年刊誌で、おもに学部や大学院の在籍・修了者の論文を掲載する。毒舌で知られた東大の石井進先生(日本中世史、のち歴史民俗博物館館長、一九三一〜二〇〇一)は、「『お茶史』の論文はともかく、「研究室だより」はおもしろいので読みます」とおっしゃっていた。

(8)史学科は一九九六年四月に人文科学科比較歴史学コースとなった。

(9)二〇〇〇年に国立情報学研究所に改組。

(10)尋尊(一四三〇〜一五〇八)は室町時代の奈良興福寺の大乗院門跡。その半世紀にわたる克明な日記『大乗院寺社雑事記』は、二〇〇二年に重要文化財に指定された。

(11)一二冊の刊本は、一九三一年から三七年にかけて刊行された。第一巻は潮書房(東京)から、第二巻以降は三教書院(東京)から。一九六四年に角川書店(東京)から再刊、七八年に臨川書店(京都)から再々刊され、二〇〇一年にはソフトカバー(並製本)で廉価な普及版が同書店から発売された。歴史民俗博物館は、全文データベースを佐倉の館内において公開している。

〔追　記〕成稿後、加藤昇氏から『二重うつしの日本史―漢語リテラシー管見―』(西田書店、二〇二一)を恵与された。この書では、日本人の思索や表現に深く関わってきた漢語の用例が、日本の書物はもちろん漢籍にまで遡って収集・検討されており、その際氏が利用されたデータベースが「あとがき」に列記されている。プロの研究者ならこの程度の調査はして当然という、フリーの編集者からのメッセージである。つぎに転記しておく。なお、私も少しだけ参加させていただいた網野善彦・笠松宏至・勝俣鎮夫・佐藤進一編『ことばの文化史　中世1〜中世4』(平凡社、一九八八〜八九)は、氏が平凡社に勤務しておられたときの企画である。

中央研究院漢籍電子文献、寒泉(台灣師大圖書館)、中国哲學書電子化計劃、広島大学中国文学語学研究室蘇

洵蘇軾詩、東京大学史料編纂所データベース、大正新修大蔵経テキストデータベース、花園大学国際禅学研究所五山文学データベース、バージニア大学ＪＴＬ、国文学研究資料館古典選集本文データベース・日本古典籍総合目録データベース、菊池眞一研究室（荒山慶一氏作成）、国際日本文化研究センター和歌・俳諧（勢田勝郭氏）、Project Gutenberg、かつて早稲田大学にあった「平安時代までの漢詩文集」、日本古代史料本文データ（恋塚嘉氏）、聞蔵、毎策、ヨミダス歴史館、神戸大学附属図書館新聞記事文庫、東京大学東洋文化研究所所蔵漢籍全本全文影像資料庫、国立国会図書館デジタルコレクション、歴博画像データベース、書陵部所蔵資料目録・画像公開システム、京都大学蔵書検索 kuline 貴重資料画像、早稲田大学図書館古典籍総合データベース、龍谷大学図書館貴重資料画像データベース、市立米沢図書館米沢善本完全デジタルライブラリー、HathiTrust Digital Library など。

第二章　コロナ禍のロシアの図書館、文書館

――デジタル化の成果と新たな課題――

鈴木　佑梨

はじめに

二〇一九年末に発生した新型コロナウイルス感染症は、二〇二〇年に世界中で感染が拡大し、今なお世界的流行をもたらしている。無症状を含めた症状の多様性、潜伏期間の長さ、確実な治療薬やワクチンが存在しないこと、さらにそもそもの原因となるウイルスが頻繁に変異することなどから、対応が困難であり、各国は様々なレベルの行動制限を導入してウイルスの鎮静化を図ったり、あるいは行動制限を課さずに一定の犠牲を伴いながら早期の集団免疫を獲得しようと試みたりしている。多くの国や地域で、マスクの着用が半ば義務化し、「三密」を避けることが奨励されるなど、コロナ禍は人々の生活に大きな影響を及ぼし続けている。そして歴史学研究においては、コロナ禍によって史資料のデジタル化、オンラインでのアクセスなどの重要性や課題が改めて認識されたように思われる。

本章では、コロナ禍のロシアにおいて図書館や文書館がどのような状況にあったのかという点についてデジタル化を一つの手がかりとして、ロシア史研究に携わる外国人利用者の立場から俯瞰することを目的とする。筆者は二〇一七年一〇月から二〇二一年九月までの四年間、モスクワに滞在し、ロシア国立人文大学歴史史料研究所の博士

準備課程（日本の博士後期課程に相当、二〇一七年一〇月–二〇二〇年九月）、共同研究生（二〇二〇年一〇月–現在）としてロシア近世史を学び、研究を行っていた。卒業試験や研究報告の準備などで慌ただしい三年生の冬、現地でコロナ禍に直面し、ロックダウンを含む様々な制限を経験することとなった。それはまた、図書館や文書館における史資料収集活動にも少なからぬ影響を及ぼし、図書館や文書館の利用可能状況を注視する日々でもあった。こうした当時のモスクワでの実体験(1)をもとに、まず、デジタル化と歴史学研究のかかわりについて概観し、コロナ禍以前のロシアの図書館や文書館などの利用をめぐる状況がどのようなものであったのか、モスクワで導入された二〇二〇年のロックダウンとロックダウン以降の状況がどのように変化していったのか、あるいは変化しなかったのかを明らかにする。その上で、コロナ禍以前から、そして現在進行形で続いているデジタル化の成果と課題を考えてみたい。

また現在、新型コロナウイルスの流行やロシアによるウクライナ侵攻によってロシアに容易に渡航できない状況にある。読者諸氏にはロシアの図書館や文書館の状況を外国人一利用者として「疑似体験」してもらうことで、読者自身のコロナ禍における経験と比較し、今後の史資料収集やそれに限らず広くデジタル化の方向性をより良いものにする手がかりとなることを期待する。あるいは、かつて周囲の諸先生方から伺ったロシアの図書館や文書館の利用法や注意点、裏話が筆者の現地での史資料収集やロシアでの生活を大いに助けてくれたように、またいつの日か現地で日本人研究者の歴史学研究の営みが再開されるとき、筆者のコロナ禍における体験がそれを必要とする誰かの一助になることを願っている。

一　デジタル化と歴史学研究

本節ではまず、デジタル化と歴史学研究について大まかに俯瞰することを目的とする。「デジタル化」という語がどのようなことを指すのかということを確認した上で、歴史学研究においてデジタル化がどのような点に現れているのか、特に日本における状況を念頭に置いて簡単に整理したい。

（1）デジタル化とは

近年、デジタル技術のめざましい発展に伴い、様々な分野でデジタル化が推奨され、進められている。総務省のまとめによると、広い意味での「デジタル化」の範疇に含まれる概念としてデジタイゼーション（Digitization）とデジタライゼーション（Digitalization）があり、国連開発計画での定義に基づき、それぞれデジタイゼーションを「既存の紙のプロセスを自動化するなど、物質的な情報をデジタル形式に変換すること」、デジタライゼーションを「組織のビジネスモデル全体を一新し、クライアントやパートナーに対してサービスを提供するより良い方法を構築すること」と紹介している。[2] つまり、アナログな情報をデジタル化する、たとえば手書きの文書をパソコンなどでテキストファイル化することやスキャンしてＰＤＦなどのファイルとして取り込むことはデジタイゼーション、オンライン上で史資料を検索したり、閲覧したりする仕組みを作ることをデジタライゼーションと見なすことができるであろう。デジタイゼーションとデジタライゼーションを包含するデジタル化は、合理化、効率化といった言葉と結びつき、非常に便利なもの、ポジティブなものとしてとらえられている。

（2）デジタル化と歴史学研究

歴史学研究においても、世界的なデジタル化の動きとは無縁ではない。各大学図書館や国会図書館、Cinii（サイニー）などの検索システムを用いて関心のあるテーマに関する書籍や論文を探して所蔵場所を特定し、予約や取り寄せ、複写を申し込んだり、あるいはデジタルアーカイブ上[3]で史料や資料が公開されているのであれば、その場でダウンロードしたり閲覧したり、という行為は日常茶飯事である。[4] とりわけ史資料の電子化は、歴史学研究における史資料収集という基本的活動にして最も重要な作業の進捗に大きく影響するだけに、すべての歴史学者にとって関心の対象であり、提供者である各機関も積極的に進めている分野である。邦語の、あるいは日本で刊行されたものだけではなく、外国語のものに関してもAcademia.edu（アカデミア・エデュ）やEbsco（エブスコ）、JSTOR（ジェイストア）などといったＷｅｂサイトから検索やダウンロード、閲覧が可能であるし、たとえそうしたプラットフォームに馴染みがないとしても、上述の大学図書館などの検索システムからこれらのサイトに到達できるようになっており、非常に便利である。

あるいは、信憑性の低い情報も多分に含まれており、また引用にも注意が必要であるものの、Googleなどの検索エンジンを用いて、用語の意味や関連情報などを雑多に調べることもある。そして、論文や学会報告の資料作成も今やすべてをアナログで行うことはなく、もっぱらパソコンを用いて行われている。研究者によっては、研究用のノートやメモをパソコン上で作成したり、研究に必要な史資料をすべてデータ化して管理したりする場合もあり、歴史学研究においてもデジタル化は着々と進んでいるのである。

こうしたデジタル化の動きは歴史学の方法論にも大きな影響を与えている。一九九〇年代のアメリカにおいて文書館による史料のデジタル化やインターネット公開が始まったことを契機として、欧米ではデジタル技術を活用した歴史学研究、いわゆるデジタルヒストリーが活発化している。日本でも、Tokyo Digital Historyという学際コミュニティなどによって近年研究が進んでおり、ロシアにおいても同様に注目が高まっている。(5)

デジタルヒストリーの定義は人によって様々であるが、W・G・トマスによるとデジタルヒストリーとは単に史料をデジタル化することのみを意味するものではなく、「コンピューター、インターネットネットワーク、ソフトウェアシステムなどの新しいコミュニケーション技術を使って過去を検証し、表現するアプローチである」という。(6) 先述のTokyo Digital Historyによる二〇一八年のシンポジウムではデジタルヒストリーを「デジタル技術や関連知識を手法として採用する歴史研究」と定義し、歴史学のプロセスを情報の入手、情報の分析、情報の表現、情報の公開の四つに区分し、これらの間をつなぐ更なる四つのプロセスとしてデータの構造化、データの再利用、データの可視化、データの前処理を加えて、それぞれのデジタルヒストリーの手法を紹介している。(7) さらに、それよりも広く、研究環境の構築をもデジタルヒストリーに含める意見もある。(8)

このようにデジタルヒストリーの領域は幅広く、研究者によって扱う範囲は多種多様である。こうしたデジタルヒストリーの著しい進展に対して、本章で扱うような「デジタル化された史資料の収集」への注目は逆行しているようにみえるかもしれない。しかしデジタルヒストリーの領域が広く、人によって関与の度合いに大きな差があるからこそ、すべての歴史学研究者が行っているであろう、いわば基本的活動ともいうべき「デジタル化された史資料収集」こそ、何度でもその意義を問い直す必要性があるのではないだろうか。

二　コロナ禍以前のロシア

本節では、コロナ禍以前のロシアにおけるデジタル化の状況について概観することを目的とする。そこで図書館の例としてロシア国立公共歴史図書館（Государственная публичная историческая библиотека России、略称 ГПИБ、以下「歴史図書館」とする）、文書館の例としてロシア国立古法文書館（Российский государственный архив древних актов、略称 РГАДА、以下「古法文書館」とする）を取り上げ、利用者の視点からデジタル化だけではなくそれぞれの館の利用方法や特徴などを整理することで一種の疑似体験を提示したい。また、ロシアのオンラインサービスや大学などでのデジタル化の状況にも簡単に言及したい。

（1）歴史図書館――図書館の例として――

歴史図書館は赤の広場から徒歩二〇分ほど、地下鉄のキタイ・ゴーラド駅から徒歩一〇分ほどの、モスクワの中心部に位置する、ロシアの歴史学分野を専門とする最大の学術専門図書館である。ロシア連邦文化省の管轄下に置かれている歴史図書館には、ロシアおよびソ連の歴史、世界史、そして考古学、民俗学、古銭学、紋章学、文書学などの専門的あるいは補助的なテーマに関する書籍や雑誌が収蔵され、またロシア・ソ連文学、外国文学、芸術などの歴史学周辺分野に関する文献も充実している。歴史学のみならず人文学系の研究者にとっては、ロシア国立図書館（**Российская государственная библиотека**（略称 **РГБ**））と併せて非常に重要な図書館である。

歴史図書館の利用には有料の利用者カードが必要であり、窓口でパスポートなどの身分証明書の提示と申込書の記入を行うことで簡単に発行することができる。カードは顔写真と利用者番号、氏名の入ったシンプルなものであるが、入退館、資料の予約・貸出・返却、オンライン上の利用などあらゆる場面で必要となる。また入場時に館員から渡される手のひら大の用紙は、利用者の名字と利用者番号が記載されたものであるが、これも資料の貸出・返却に必要であり、館内では携帯している必要がある。

閲覧室は一般用と歴史学専用のものがあり、歴史学を研究している者であれば、利用者カードを発行する際に専門を伝えることで歴史学専用の閲覧室を使えるようになる。しかし、特にそれぞれの閲覧室で利用者のチェックをしているようには見えないため、こうした区分がどこまで適用されているかは疑問である。実際に歴史学専用の閲覧室は小さめで席数も少ないので、一般用の閲覧室に席を探しに行かなければならないということも多々ある。また、一般用の閲覧室を割り当てられている利用者が歴史学専用の閲覧室を利用したとしても、おそらく誰も気づかない。

この歴史図書館をはじめとしてロシア国立図書館や各大学図書館などロシアの図書館の多くでは、基本的に探している資料を館員に出してもらう閉架式を採用している。日本でも閉架式と開架式の両方を併用している図書館はある

写真１　歴史図書館外観

ものの、書架に並んだ資料を利用者が手に取って見たり、実際の本を見ながら探したりすることができる開架式が一般的である。歴史図書館において資料を手に取りたい場合には、まず公式サイト内にある検索システムに書名や著者名、あるいはキーワードを入力して請求資料を特定し、ログインした上で当日から一週間後までの都合の良い日を指定して予約することで、期日までに資料が準備されるという仕組みである。歴史学専用閲覧室や一般閲覧室などには一部開架式が導入されているが、そうした資料はごく一部である。

しかしながら、開架式はおそらくロシア人にとってもそうであると思われるが、特に外国人にとっては手軽に資料を探すことができるため非常に都合のよいものである。書籍であれば、背表紙を眺めながら関連すると思われる資料をその場で手に取り、ページをめくって目次や内容を気軽に確認できるというのは、検索システムでの検索に比べれば、その書架に資料がない場合には漏れが生じる可能性はあるものの、システム上での細々とした操作や貸出請求、受け取りといった煩雑なプロセスを必要としないため、大きなメリットがある。

歴史図書館ではオンラインサービスも充実している。公式サイト上からログインすると「プライベートオフィス」なる個人ページ上で気になる資料をお気に入り登録したり、予約した資料の準備状況や返却期限、これまで帯出した資料の確認、資料複写依頼を行ったりすることができる。資料が準備されると書籍、雑誌（初回貸出）、雑誌（二回目貸出以降）でそれぞれ別のカウンターに行き、利用者カードを提示し、入場時に渡された小さな用紙に貸出件数などを記載してもらうことで資料を受け取ることができる。資料の利用は館内のみに限られているため、退館時にはまた資料をそれぞれのカウンターに戻し、完全に返却するか取りおくか伝えると、用紙に記載された貸出件数がスタンプないしは筆記用具で消されて返却され、それを退館ゲートで渡すことによって館外への資料持ち出しを防いでいるようである。こうして常に所蔵資料全てが館内に存在するため、延滞が生じず、一定の期間を過ぎれば帯出することが可能である。

資料の複写は先述のオンライン上の「プライベートオフィス」内で申し込むこともできるが、詳細な情報を記入しなければならないため、直接歴史図書館に行けない事情がない限り、こうしたオンラインでの申し込みは、かえって面倒なものである。オンラインで申し込まない場合は、直接複写室に資料を持参し、館員にコピーしてほしい箇所を示し、現金ないしはカードで料金を支払うだけでよい。その場で館員がおおよその出来上がり時間を教えてくれるので、それ以降の都合の良い時に取りに行けばよいのである。コピーの量や混雑状況にもよるが、数十分から二時間程度、遅くとも大抵その日のうちに出来上がる。料金は一ページ当たり一五ルーブル程度と決して安くはないが、（だからこそ、多くのロシア人は複写しないでその場で勉強、あるいは筆写しているのであろうし、それゆえに複写室もそれほど混雑しないのかもしれないが）時間に限りがある場合などには非常に便利なサービスである。また希望する資料が長い間帯出されていて、長期間待っても借りることができなかったり、あるいは緊急で使いたい資料が「今」貸出中であったりする場合などは、オンラインでコピーを申し込むと数日中に受け取れるという不思議な現象が起こる。これはおそらく、歴史図書館では館外への資料持ち出しを禁じていることと密接に関わっており、帯出者がその本をカウンター内に取り置いているものの借り出していない時にコピーを行っているものと推測されるが、これも非常に便利な仕組みである。

歴史図書館では各種イベントも積極的に行っている。たとえば、書誌情報に関する大学生向けの体験授業、歴史図書館の館員たちによる研究報告、歴史の研究会、映画上映会、セミナー、企画展示の企画者による解説、著者による新刊紹介といったイベントが不定期で開催されている。こうした企画はすべて、希望者や事前に申し込んだ人々が歴史図書館や分館を実際に訪れ、体験する形で行われるものであった。

（2）古法文書館——文書館の例として——

ソ連時代には外国人研究者に対する文書館史料へのアクセスについては、許可制のため制限がかけられていたが、ソ連崩壊後、ペレストロイカとグラスノスチの一環として史料の公開が積極的に進められるようになった。その結果、現在では外国人研究者もロシア人研究者と同じように文書館を利用できるようになってきている。

古法文書館は、革命以前の五つの文書館（法務省モスクワ文書館、外務省モスクワ中央文書館、外務省サンクトペテルブルク国立文書館、宮内省総合文書館モスクワ部局、測量官房文書館）の集合体として、帝政時代に法務省として使われていた建物に存在する文書館である（同敷地内にはロシア連邦古文書館 Государственный архив Российской Федерации、ロシア国立経済文書館 Российский государственный архив экономики なども存在する）。

古法文書館には一一世紀から二〇世紀初頭にかけてのロシア国家、ロシア帝国における中央政府・地方政府に関する史料が保存されており、ロシア国内外から歴史学研究者、郷土史家、好事家、あるいは自らの祖先について調べようとする一般の人々などが史料収集に訪れる。利用に際しては、ロシアの大抵の文書館でも同様であるが、大学や勤務先などの所属機関に作成してもらった紹介状を持参する必要がある。紹介状といっても利用者の所属機関における身分や研究テーマなどが示されたシンプルなもので十分である。年ごとに初回の利用時には入口の事務所で紹介状やパスポートを提示して通行証を作成してもらう必要があり、当日は仮の通行証を使用して翌日以降再度事務所に立ち

写真２　古法文書館外観

寄り、年内有効の通行証をもらうという仕組みである。作業に際してパソコンを持ち込みたい場合にはその旨を伝えると翌日以降に発行される通行証にパソコン持ち込みの印が押される。利用者が古法文書館に入る際には必ず事務所のある建物を通り、中庭を経て古法文書館のある一号館に行くことになっている。どちらの建物にも必ず警官がおり、毎回パスポートと通行証を見せることによって通してもらい、閲覧室では通行証を預け、帰る時に返却してもらい、また各所の警官に見せて通してもらうのである。

　史料を請求する際には、閲覧室に備え付けの用紙に記入して提出するか、遠方の場合は電話で予約する、あるいは古法文書館に通っているロシア人の知人に頼んで代理請求するという方法がある。文書館の史料はフォンド（фонд）と称される大きな文書群、その下位分類に当たるオーピシ（опись）という目録、さらにその下位分類に当たるヂェーラ（дело）という史料の小さなまとまりの三層構造となっている。そして史料はヂェーラ単位で準備される（ただし、マイクロフィルム形式の時はそのヂェーラに含まれている史料数が極端に少ない場合には、前後のヂェーラがまとまって一つのマイクロフィルムに記録されるため、一つのヂェーラしか請求していないにもかかわらず、複数のヂェーラを閲覧できるという幸運なケースもある）ため、請求の際には、フォンド番号、フォンド名、史料の年代、（そのフォンド内における）オーピシの番号、ヂェーラ番号、ヂェーラ名といった詳細な情報を記載しなければならない。一方で例えばその史料の存在を先行研究などの文献情報から知った場合には、そこではフォンド名などを除いた表記であるため、フォンド名を知るためには結局、古文書館の目録（これもオーピシ опись という）に当たる必要がある。具体例を挙げるとするならば、先行研究の註では「ロシア国立古法文書館、フォンド五三、オーピシ一、ヂェーラ四、（一七〇九年）四二ページ（РГАДА, Ф. 53, Оп. 1, Д. 4,（1709）Л. 42）」と記載された史料を閲覧請求したい場合には、この目録と照合して「フォンド五三、フォンド名「ロシアとデンマークの関係（Сношения России с Данией）」、オーピシ一、ヂェーラ四、（一七〇九年）、史料名「在デンマークの大使ヴァシーリー・ドルゴルーコフから長官ゴローフキン伯爵への（戦時報告書の代わりとしての）書簡（Писма（вместо реляции）к канцлеру графу Головкину от находившагося в Дании посла князя Василья Долгорукого）」」という情報を調べ、それを間違いなく請求用紙に記入しなければならないということである。

　目録はフォンドごとに数冊に分けられ、下位分類であるオーピシ、さらにその下位分類のヂェーラの番号とタイトル、その中に含まれている史料の枚数が手書きないしはタイプライターで記載されている。分類の細かな差異はあるにせよ、ロシアの文書館の多くではこのように目録を見ることが非常に重要な作業となる。文書館によっては、目録を自由に閲覧できず、毎回申請して希望する目録を出してもらわなければならない場合も珍しくないが、古法文書館では二〇一四年ごろまでは閲覧室でのみ、こうした紙媒体の目録を自由に利用することができた。近年では公式サイト上で目録のスキャンデータが公開されるようになったため、閲覧室に備え付けのパソコンや国内外からのアクセスが可能となった。これにより、利用者は請求する史料を事前に特定することができるようになり、古法文書館での滞在時間を有効利用できることとなった。実物の目録の場合、時として閲覧希望が重複した場合、先着順となり、前の人の閲覧が終わるまで待たなければならなかったり、あるいは閲覧室にあるはずの目録が行方不明だったり、ということが多々あったが、電子化によって同時に複数の希望者が利用できるようになり、こうした待ち時間や欠本がなくなったことも大きなメリットである。さらにスキャンデータの導入によって目録の拡大が可能になり、手書きの小さなつぶれた文字を判読することが容易になったことも看過することはできない。

その一方で、結局はその大部分が手書きで作成された目録のスキャンデータでしかないため、筆記体の解読が苦手な筆者にとっては、（そしてとりわけその目録の書き手の字体が流麗である場合には）依然として大変な作業であることには変わりがない。そしてこれはこのスキャンデータに限った問題ではなく、電子化された史資料全般に共通する問題であるが、実際の目録に比べると、ページをめくって該当箇所を探す、あるいはページをめくって飛ばし読みをすることが難しい。またデータが重いためか、フリーズしたり、読んでいるページが勝手に閉じてしまったりという問題もある。それゆえに、館外から事前に目録を確認できるにもかかわらず、依然として少なからぬ利用者が閲覧室で戸棚から大きな目録を引き出して机に積んで読んでいるのである。

こうした作業を経て史料を請求すると、二営業日後にはヂェーラごとに史料が準備される。史料は実物もあるものの、史料の劣化を防ぐためか、その多くがマイクロフィルム形式で提供される。古法文書館には閲覧室とは別にマイクロフィルム室があり、十数台のマイクロフィルムリーダーが設置されている。機械は古いものや光の当たり方がよくないもの、壊れているものなどが多く含まれており、またマイクロフィルムの利用者が多いため、少しでも条件の良い機械で史料を閲覧したい場合には、早めに行って機械を確保しなければならない。このように限られた機械と、先述のようにマイクロフィルムの形態で提供される史料が多いことから、マイクロフィルム室では利用希望者に対して機械が足りないということが頻繁に起き、場合によっては、すべての機械が使用中であるために、せっかく行っても、そして史料が準備されていて手元にあるにもかかわらず、実際の史料を見られないということもあった。

以前はマイクロフィルムの撮影は厳禁であったが、最近では撮影が許可されるようになり、短期利用などで古法文書館の滞在時間に限りがある場合には、開館時間中はひたすら写真を撮ってあとでじっくり読むということが可能になった。その一方で、マイクロフィルムの利用は不便な点も多い。たとえば、途中から史料を読みたい場合には、その場所をピンポイントで探すことが大変である。マイクロフィルムを部屋の電灯にかざしながら小さく隅に書かれたページ番号を探したり、あるいは機械にセットして地道にページをめくっていったりして探すのであるが、史料の枚数が多い時には特に手間がかかる。また、古法文書館のマイクロフィルムリーダーの問題であると思われるが、投影される史料の大きさを変えることができないため、画面に一行全体を表示できないことが多い。つまり、一行読むたびに一々左右に動かさなければならず、一枚の史料の撮影に最低四枚（左上、右上、左下、右下）、行数が多ければそれ以上を要し、自宅で閲覧する際にも非常に不便である。さらに古法文書館所蔵のマイクロフィルムの史料は、様々な大きさの史料を冊子状に綴じたものをそのまま読み取った形式であるため、たとえば読んでいるページが小さな紙でその後方のページが大きな紙であった場合、後方のページのはみ出ている部分が元のページの注釈あるいは補足のように見えることがあり、わかりにくい（ただし、読み進めれば内容が一致しないことがわかるため、慣れてしまえばさほど大きな問題ではないのかもしれない）。

この問題は、史料の重なりがないように一枚一枚データ化されていたならば解決していたかもしれないが、冊子化されていたとしても実際の史料を手にすることができていたならば、そもそも生じない問題である。筆者はかつて一度だけ実際の史料を閲覧することができたが、実物の持つ圧倒的な情報量に驚いたものである。実際の大きさ、紙の厚さ、質感、折り目、封緘に使用された印章の模様、あるいはインクの色の違いから最初にかかれた文言がおそらく後から消されたことなど、これらの本物が持つ情報はマイクロフィルムに落とし込まれる過程でどうしても削ぎ落とされ、あるいは平滑化されてしまい、マイクロフィルム化された史料の閲覧では決して知ることができないものである。

古法文書館では史料のコピーを申し込むことも可能である。ただし実際の史料の閲覧請求と同様に詳細な情報、より正確にはコピーしたい史料のページ数まで指定しなければならない。先ほどの例で言うならば、「フォンド五三、フォンド名「ロシアとデンマークの関係」、オーピシ一、ヂェーラ四、(一七〇九年)、ヂェーラ名「在デンマークの大使ヴァシーリー・ドルゴルーコフから長官ゴローフキン伯爵への(戦時報告書の代わりとしての)書簡、四二ページ」という情報が必要となる。先行研究での出典などから読みたいページが特定できていない限り、難易度が高いものである。目録では、当然のことながら史料の何ページに具体的にどのようなことが書いてあるかまではわからない。ヂェーラ名から予想されること(利用者が期待する内容)がその史料に現れないことも多々ある。また、コピー請求する史料の特定に際しては館員に頼ることはできず、自力で行わなければならない。史料を丸ごと、あるいはあたりをつけて一部をコピーするとしても、史料によっては全部で数百ページに及ぶものもあり、またそもそもコピー代が一枚二五〇ルーブル(二〇一八年三月の価格)と非常に高額であるため、気軽にできるものではない。そのため、事前に実際の史料を閲覧し、必要であるページを特定してからコピーを申し込むのが「安全策」であるのだが、そうであるならばわざわざ高いお金と時間を費やしてコピーをするまでもないため、ほとんどのロシア人利用者は筆写するか、あるいは写真撮影をしてコピーサービスはほとんど利用しないようである。古法文書館内で用紙に記入するか、あるいはメールでコピーを申し込むと、請求書が送られてくるので、それに従って銀行で支払いをすれば、一週間あるいは一か月程度で添付ファイルで史料を受け取ることができる。そのため、ロシアの銀行口座を持っていれば、コピーの請求から銀行支払い、受け取りまで全てロシア国外から行うことが可能であるが、あまり現実的ではなく、本人が現地に行けないのであれば、同じ文書館を利用するロシア人の知人あるいは史料調査に行く日本人研究者に代理で請求してもらうという方法が、時間はかかったとしても最も確実であるように思われる。

(3)ロシアにおけるデジタル化

ロシアの歴史学研究においてもデジタル化の動きは進んでいる。日本の国会図書館のような位置づけにあるロシア国立図書館のオンラインサービスでは、ソロヴィヨフやクリュチェフスキーの著作をはじめとした歴史学の「古典」と見なされるような書籍が公開されており、ダウンロードが可能なものもある。また、書籍によっては新しいものでもロシア国立図書館内あるいはロシア国内や旧ソ連であった国々の提携図書館内で電子化されたものを読めるようである。

ルニヴェルス（Руниверс）では一九世紀から二〇世紀初頭にロシアで出版された三〇〇〇冊以上の本の電子ファイルや三九〇〇点の地図、二〇〇〇〇点以上の歴史的画像や写真を収録しており、閲覧したりダウンロードしたりすることが可能である。その中には帝政ロシア歴史学協会集成（Сборник Императорского Русского исторического общества）などの刊行史料なども含まれている。eLIBRARY.RU（イーライブラリー・ル）やサイバーレーニンカ（КиберЛенинка）というサイトではCiniiのように論文を含めた検索、閲覧やダウンロードなどが可能である。

また、研究書など専門性の高いものに関してはかなり稀であるものの、運よく電子化されているものが販売されていればリトレス（ЛитРес）などの電子書籍販売サイトで即座に購入できる。また紙媒体の書籍であれば、オゾン（Озон）などの総合インターネットショッピングサイト、出版社、書店、古書のオンラインショッピングサイトで購入することが可能である。

また、日本に比べてロシアでは紙媒体を利用する頻度が低い（あるいは日本では紙媒体を多く利用しすぎるという見方もあるかもしれない）。たとえば、日本の大学で歴史学などの人文学系の授業を受講する際には、教員が紙媒体のレジュメを配布し、学生はそれを受け取ってレジュメに直接、あるいはノートやパソコンを使ってメモを取るということがまだ主流であるように思われるが、ロシアでは紙媒体のレジュメが配られたことは一度もなかった。若い教員などではパワーポイントなどを投影したり、レジュメをアップロードしておいたり、というケースもあるようだが、それは珍しく、多くの場合は板書さえもほとんどなく、教員がひたすら話すという形式が一般的である。そのためか、授業においてもノートではなくパソコンでメモを取る学生の割合が日本に比べて圧倒的に多い印象を受けた。こうしたことも、デジタル化への移行を容易にする要因となっている可能性がある。

少し話は脱線するが、ロシアでは特に都市部において老若男女問わずキャッシュレス化が急速に進んでいる。欧米のようにスーパーや小売店での数十円程度の支払いをクレジットカードなどで行うことは日常的であるし、ロシアで銀行口座を開いていれば、その銀行のアプリを使って他人の口座へ送金、自分の口座内容と利用履歴の確認、同じ銀行で複数口座があればその間で送金、公共料金や携帯電話料金の支払いを管理できる。たとえば、友人と食事した時に個々人で支払いができないとき、あるいは割り勘にできなかったとき、友人に現金で立て替えてもらったとき、個人商店などでクレジットカード読み取り機を設置していないときなど、その場でアプリを通じて支払うと、相手にもすぐに送金の通知が届くため、「後で払う」、「払い忘れた」、「払った」、「払っていない」といった問題が起きない。またこうしたキャッシュレスの仕組みによって、額面の多寡にかかわらず、簡単に気軽に支払うことができるため、高額になりがちなコピー料金の支払いも容易にできるようになっている。

三　ロシアにおける新型コロナウイルス感染症とモスクワでのロックダウン

本節では、ロシア、特にモスクワにおけるコロナウイルスの感染状況とそれが図書館や文書館に及ぼした影響について、特に二〇二〇年三月末に始まった一回目のロックダウン期間に注目して概観する。まずモスクワにおけるロックダウンまでの大まかな状況を整理し、その上で図書館や文書館などがコロナ禍とそれに伴うロックダウンという非常事態に対してどのような対応を取ったのか、あるいは取らなかったのか、という点を明らかにしたい。

（1）新型コロナウイルス感染症とモスクワ――ロックダウンまでの状況――

二〇一九年一一月に発生した新型コロナウイルス感染症は、その潜伏期間の長さと感染力の高さ、グローバル化に伴う人々の活発な移動によって世界的パンデミックをもたらし、二〇二二年八月においても終息の気配はない。しかし各国は徐々にコロナウイルスとの「共存」、あるいは「アフターコロナ」を模索する方向性にシフトしつつある。

新型コロナウイルス感染症発生当初のロシアにおいては、二〇二〇年二月に商用目的の出張者などを除いた中国人の入国規制強化、当時感染拡大していた国々への渡航中止勧告、これらの国々からのフライト制限などの措置を取り、感染拡大を防ぐことが試みられた。三月に入ると入国後一四日間の自主隔離要請、中旬には一部例外はあるものの、すべての国籍の外国人の入国制限が行われ、月末には東京とモスクワの直行便の運航休止が発表されるなど内外で対策が強化された。さらに高齢者や持病のある人々には自宅待機が呼びかけられ、通りからは高齢者の姿が消えた。

とりわけ首都モスクワの警戒は厳重で、入国後に自主的な隔離を求められたにも関わらず外出している外国人を取り締まるために、地下鉄の駅や町中などで以前にも増してパスポートの提示を求められるようになった。特に地下鉄駅では、常駐している警察官がアジア系の人々（端的に言えば彼らが中国人と推測した人々）に片っ端からパスポートの提示を求め、中国人であった場合には顔写真を撮り、連絡先と併せて記録するということを行っていた。パスポートから中国人ではないと判明した場合には、それぞれの警察官の裁量次第ではあったものの、大抵記録を取られることなく解放されたが、場合によっては検温を求められ、発熱と見なされて強制的に隔離施設に入れられたケースもあったようであり、地下鉄の利用時には平静を装いつつも内心穏やかではなかったことを記憶している。

こうした厳しい対策にも関わらず感染者数は日に日に増加していき、感染拡大防止のため、三月二八日から大統領令によって薬局やスーパー、デリバリー等を除いて、非労働期間として自宅待機が要請された。(9) これに伴い、三月二九日にはモスクワ市長によって、翌三〇日からの「自宅での自己隔離」が導入されることが公式に宣言され、モスクワでは事実上のロックダウンが始まった。前日までに人々がスーパーに押し寄せ、パスタや米、蕎麦の実、瓶詰や缶詰をはじめとした備蓄性の高い食料品は文字通り棚から消えた。ロックダウン中は医療機関への外出、自宅から一〇〇メートル以内でのペットの散歩、ごみ捨てが認められてはいたものの、買い出しは最寄りのスーパーに限定された。四月一五日からはモスクワ市及びモスクワ州内で自家用車や公共交通機関で通院など移動の必要がある場合には、モスクワ市の公式サイト上で事前に電子通行証を発行し、その証明書を携帯することが義務づけられた。こうした状況下では、ネットスーパーやロシア版 Amazon ともいうべきオゾンにずいぶん助けられたものである。しかしながら、ずっと家の中に籠っていなければならないという状況は想像以上に辛いもので、スーパーへの買い出しという名目でつかの間外に出られることが唯一の楽しみであった。モスクワっ子たちにもロックダウンの閉塞感は堪えたようで、近所の公園を散歩する姿、公園の入口に立ち入り禁止のテープが張られてもいつの間にかそれが破られるという光景をよく目にした。

(2) ロックダウン中の状況――図書館、文書館――

ロックダウンに伴い、モスクワの図書館や文書館、美術館、博物館といった公共施設も閉館を余儀なくされた。ロックダウンが始まるかもしれないという噂は宣言以前からささやかれていたものの、いざ急にロックダウンが始まり、閉館するとなると準備も対応も追いつかない状況が見られた。ロックダウンが始まることが報じられた日に古法文書館で史料を読んでいると、館員が利用者に「今日は早く帰って、ロックダウンに備えて食糧を買いなさい。」とアナウンスしていた。もちろん善意から忠告してくれたのであるが、館員自身も気がそぞろであり、一刻も早く利用者を帰らせて閉館作業をし、自身もロックダウンに備えたいという様子が伺えた。実際に、閉館がいつまで続くのか、あるいは閉館中の対応はどうなるのか、といった利用者の質問の中には、館員自身もその答えを知りようもないものも多々あったことは想像に難くない。結局、古法文書館では閉館中に公式ホームページが更新されることはなく、ロックダウン中の閉館に伴う不便を緩和するような特別な試みが行われることはなかった。ただし、これは古法文書館の利用者に対するサービスの性格を考えれば仕方のないことかもしれない。コロナ禍以前の古法文書館の利用者に対するサービスとは、まず利用者に本物ないしはマイクロフィルム形態の史料を古法文書館という場で実際に閲覧する機会を提供することであった。しかし、閉館とロックダウンによって利用者も館員も古法文書館に来られない状況では、そうした機会自体が成り立たない。また、おそらく文書館のほとんどがそうであるようにオンラインなどで史料を閲覧する仕組みなどの導入は想定していない、あるいは導入に慎重であるがゆえに、たとえ導入を検討していたとしてもロックダウンという制限の多い状況下で即座にそうした仕組みを作ることなどできなかった。古法文書館のサービスの一つである史料の複写については、ロックダウンと閉館によってそもそも館員が文書館に来られないために対応できず、また定期的に行われる企画展などの展示はもともと小規模なものであるがゆえに、見学者が実際に来ることを前提として準備されており、ロックダウンによってオンライン展示などに即座に切り替えることは現実的ではなかったものと思われる。

歴史図書館はロックダウン開始前の三月一八日に閲覧室を閉鎖した。その告知の中で、（当初はロックダウンがない前提であったため）オープン電子図書館、検索システム、複写請求とその電子配送、バーチャルレファレンスデスクなどのオンラインプラットフォームは機能し続けるとした上で、歴史図書館はコロナウイルス感染症の流行によって、サービスを提供する「学生、教員、研究者などの利用者にとって困難な状況が生じたことを理解」しており、「オープンデジタルライブラリーの補充を強化する」ことによって遠隔地からの利用への対応を強化すると宣言した。その具体例として、公式サイト上での複写予約受付、それに対する迅速な対応と料金割引の可能性を表明した[10]。また、ロックダウンの直前である三月二七日にCambridge Histories Online（ケンブリッジ・ヒストリーズ・オンライン）の契約を更新したことも、注目に値する。[11] このサービスは歴史図書館のサイトにログインすると歴史学の『Cambridge Histories』の電子書籍版を無料で読むことができるというもので、このサービスが延長されたことによって、ロックダウン期間中の閉館に伴う利用者の不便な状況を改善しようと試みたといえよう。ロックダウン開始後、約一か月の間、公式サイトは動きを見せなかったが、四月下旬ごろから、ロックダウン以前とほぼ同じ頻度で更新を再開した。内容も以前と同様に、ロシア国内の社会科学や人文科学分野の雑誌や各政党の発行している地域定期刊行物の電子版へのリンクを更新したというものであった。

歴史図書館のイベントも復活した。五月五日には学生などを対象とした「図書館と情報リテラシー」というオンラインセミナーがZoomで開催され、歴史図書館分館長を講師として、歴史図書館の電子カタログ、デジタルライブラリー、サブスクリプションリソースの使い方、卒業論文の書誌情報の書き方などが紹介された。[12] ロックダウン中に行われたイベントは結局このセミナーのみであったが、ロックダウン解除後、六月二五日の閲覧室再開までにオンライン研究会を録画したものや講義をYouTube上で公開するなど、イベントの在り方のシフトチェンジが見られる。それはコロナ禍以前の、歴史図書館という場に人を集めて実際の体験を提供するというイベントから、人を集めてはいけないという条件下でオンラインやオンデマンドなどを通じていかに人々に体験（あるいはそれに類するもの）を提供するかという試みでもあった。

四　ロックダウン解除後の図書館・文書館

本節ではロックダウンが解除された後、翌二〇二一年九月頃までの状況について概観する。まず、解除後のモスクワの町の様子、一般的にどのような制限が課せられており、どのような状況であったのかということについて簡単に触れた上で、歴史図書館と古法文書館がそれぞれどのように再開したのか、コロナ禍以前との違いに注目しつつ、見ていきたい。

（1）ロックダウン解除後のモスクワ

結局、この時のモスクワのロックダウンが解除されたのは五月の連休終了後の五月一二日であった。解除後は引き続き一・五メートル以上のソーシャルディスタンスの維持が求められるほか、公共交通機関やタクシー、スーパーなどの屋内施設の利用時にマスクと手袋の着用が義務づけられた。モスクワではマスク不足はほとんど問題にならず、場合によっては商業施設の入口で無料配布されていることもあった。手袋に関しては、当初は炊事用の大きなゴム手袋や軍手、あるいは冬用の手袋を着用する姿もよく見かけられ、モスクワっ子たちの独創性に驚くことも多かった。国によっては大使館がモスクワに住んでいる自国民にマスクや医薬品などを支給したり、毎日健康状態を確認するシステムを整えていたりした場合もあったようである。こうしたマスクや手袋の着用は最初こそ厳しく適用されていたものの、公共交通機関や屋内でのマスク着用を除いて、次第に人々は自己判断で解除していった。

こうした状況下で、ロックダウンの開始とともに閉館を余儀なくされたモスクワの文書館や図書館は、ロックダウンの解除からしばらく経った六月以降、順次再開し、感染症対策をしながら利用者を受け入れるためにあらゆる手段を講じることとなった。

（2）ロックダウン解除後の歴史図書館

ロックダウン後の歴史図書館を利用するにあたり、大きく変更された点は事前予約が必要になったということである。公式サイト上では事前予約用のページが作成され、そこに利用者が利用者番号を入力し、利用希望の日程と午前か午後のどちらかを選択することで、図書館にそのデータが保存され、入館時に利用者カードをかざすことで、そのデータと照合されるという仕組みである。利用者数の制限があったのかは判然としないが、希望の予約が取れなかったということはなかったため、制限があったとしてもほとんど実際の利用に支障があるほどのものではなかったといえよう。予約回数や退館時間に制限はなかったため、開館日であれば毎日利用することができたし、一度入館してしまえば、時間の許す限り館内で史料収集することが可能であった。また予約そのものもそれほど厳密なものではなく、都合で行けなくなったとしても事前連絡する必要はなく、また外出先で、図書館に寄る時間ができたからと急遽予約して利用することも可能であった。あるいは（公式サイト上には一切書かれていなかったが）あまりに予約がぎりぎりでシステムに反映されなかったり、そうした予約システムの利用に不慣れであったりする場合には、入館ゲートの所で館員がその場で予約作業を行い、そのまま入れるというケースもあった。要するに、建前上はオンラインでの事前利用予約を必須化することによって誰が利用するのか、あるいは何人利用するのか、ということを管理するようになったかのように見えるが、実際にはコロナ禍以前から導入されていた入館ゲートに利用者カードをかざす仕組みや、資料帯出や返却に用いられる用紙などの入館システムによって、既にある程度こうしたことは把握できていたため、新たな事前予約制度はそれほど重要ではなく、実態として非常に柔軟な運用を行っていたことが伺える。

閲覧室ではソーシャルディスタンスを維持するために、一部が閉鎖されたり、ひとつ置きに机がテープで封鎖され、それに対応する椅子が撤去されたりした。そのため使用できる席は半分以下となったが、来館者数も全体的に減ったため、それほど大きな問題ではない。また閲覧室などにあった開架図書部分は全てテープが張り巡らされて封鎖され、以前のように気軽に手に取ることができなくなった。感染を防ぐための対策であるため、仕方のないことではあるものの、実質的にすべて閉架式となり、資料へのアクセスは格段に不便になったといえるであろう。

ロックダウン解除直前に再開されたイベントは、引き続きオンラインやオンデマンドを用いたものが企画された。内容はコロナ禍以前に歴史図書館で行われていたものと同様に、学生向けの授業、歴史の研究会、セミナーなどであったが、こうしたイベントがロックダウン以前とほぼ匹敵する頻度で行われるようになったのである。これらの非対面型のイベントは、モスクワにいなくても参加、視聴することができたため、非常に便利なものであった。特に、YouTubeなどにアップロードされたものは、公開期間の制限もないため、たとえ公式サイトで周知していたときに気がつかなくても、それこそ数年経ったとしても、気がついたときに、気が向いたときに、どこからでも、何度でも視聴できるのである。そうした意味で、これらのオンラインやオンデマンド型のイベントはコロナ禍以前の対面型のイベントに比べて、より多くの人々にとって手の届く、身近なものになったといえよう。

このような非対面型のイベントは歴史図書館がコロナ禍以前から地道に進めていたデジタル化と併せて、利用者が歴史図書館に行くことなく、基本的なサービスを享受できるという状況を生み出したといえよう。ただし即座にすべての人にとってというわけではなく、これらのサービスを受けるためには大小様々な条件がある。まず、有効な利用者カードを持っている必要がある。これがなければ、資料の予約や複写依頼を行うことができない。また複写請求するのであれば、料金の問題をクリアできていなければならない。これは単にお金を準備するということだけではなく、ロシアの口座を持つ、あるいは割高にはなるが、ロシアに振り込みの手段を持つということである。そして自力ででも、あるいはインターネット翻訳の力を借りてでも、これらの利用方法を理解していることである。それは語学の問題であり、あるいはこうした仕組みへの適応とでもいうべき問題であるが、ある程度、検索や複写請求など自分のやりたいことに対する操作方法がわかっているか、わからなければメールなどで問い合わせて解決できなければ、そもそもサービスを利用することはできない。歴史図書館の検索システムは特に煩雑なものではないが、それでもちょっとした操作が不明であったり、記入欄で求められているものがよくわからないなどの疑問があったりする場合に、実際に図書館にいるのであれば、館員に聞いて、あるいは直接やって見せてもらうことができるのであるが、すべてオンラインの場合は、説明を読んで自分で答えにたどり着かなければならないのである。

そして利用者が遠隔地からサービスを受ける大前提として、そうしたサービスに携わる館員たちが歴史図書館にいて彼らの要求に対応できるという状況が必要である。各種問い合わせへの回答であれば図書館にいる必要はないが、複写請求に応えるには館に所蔵されている資料を探し出してコピーしなければならない。またこれはロックダウン解除後、図書館の再開直前に起こった問題であるが、技術的な問題で検索システムが使用できなくなった場合に、そうした問題に対応する館員が歴史図書館にいなければ問題の解決ができず、利用者は遠隔地から歴史図書館にアクセスすることができないのである。実際にこの時のシステムの不具合は閲覧室が再開しても問題が解決するまでしばらく続き、それまで利用者は閲覧を希望する資料をメールで連絡しなければならなかった。

こうした諸々の条件はあるものの、閲覧室再開直後の歴史図書館では、利用者が図書館に実際に行くことなく、遠隔地からほぼすべてのサービスを受けられる状態にあった。実際に、持病のある家族への感染を防ぐために、この状況を最大限に利用して一年近く歴史図書館を訪れることなく、こつこつと資料の収集と閲覧を行った知人もいるため、歴史図書館のサービスのデジタル化は確実に一定の需要があるといえよう。

(3) ロックダウン解除後の古法文書館

二〇二〇年三月のモスクワでのロックダウンに伴い、閉館を余儀なくされていた古法文書館であったが、六月以降に館を取り巻く様々な制限が解除されると、他の図書館や文書館などと足並みを揃えるようにして感染対策を行いつつ、再開への模索が行われることとなる。まず大きな変更点として、公式サイト上で事前の利用予約を行うことが必須となった。利用希望者は予め閲覧室、マイクロフィルム室、測量官房史料閲覧室の中から利用場所を選び、予約を入れなければならない。ただし開館時間は午前と午後の二部制、それぞれ三時間ずつに分けられて、それぞれ閲覧室が二二人、マイクロフィルム室が八人、測量官房史料閲覧室が三人、という定員が割り当てられており、空きがなければ利用できない。予約は一週間に一度のみと規定されていたが、特に平時から利用者が多いマイクロフィルム室はなかなか予約を取ることができなかった。無事に予約が取れると古文書館から確認メールが届く。実際の利用には、これまで発行が必要であった通行証が不要となり（より正確には予約が通行証の代替とされ）、他の建物を通らずに直接一号館から出入りするように定められた。時間になると、入口で予約リストを持った警官にパスポートを提示することで館内への出入りが許され、警官がリストにそれぞれの入館時間と退館時間を書き込むことによって、利用者の出入りを管理していたようである。

閲覧史料の予約も館内での用紙への記入・提出という方法から、事前にWordのフォーマットに入力して閲覧室へメール送信するという方法へと変更された。先述の通り、請求に必要な目録は既に電子化されて公開されているため、作業としてそれほど変化はない。しかしこれにより、それまで遠方からの利用者以外は、初日は通行証発行申請と史料閲覧申請しかできず、史料の閲覧はできなかったのが、すべての利用者が事前準備が必要であるにせよ、こうした作業を行っておけば、利用初日に用意された史料をすぐに閲覧できるようになったのである。また些細なことではあるが、史料請求の用紙の欄が小さめに作られているため、以前は史料名を記入する際には複数の欄にまたがって書いたり、あるいは字を小さくして一つの欄に収めたりすることが困難であったが、パソコンでフォーマットに入力することによってそうした小さな煩わしさが解消できたのは嬉しいことであった。その一方で、初めて古法文書館を利用する人にとっては、こうした来館なしの事前準備はいささかハードルが高いように思われる。確かに請求史料を特定するために必要な目録は公開されているが、目録の表記が通常と異なる場合も多々あるため、自力ですべてを行うのは難しい。メールや電話などで問い合わせることはできるが、館内で用紙に記入するのであれば、館員に気軽に尋ねて、方法を教えてもらったり、あるいは実際にやって見せてもらったりすることができるので、そちらの方がはるかに簡単で間違いがない。また、事前予約によって最大一週間に一度の訪問の際に史料が用意され、閲覧できるようになっているが、進捗状況が予測しにくいため、請求する史料の調節が非常に難しい。たとえば、目録には該当史料のページ数が表記されているが、以前全部で二〇〇枚ほどの史料を予約して一回目の利用でざっと目を通して、撮影あるいはじっくり読むものを取捨選択しようと計画していたものの、なぐり書きや線を引いて消したようなほとんど読めない草稿であったり、あるいは外国語などで書かれていたりなど、史料がこちらの想定していたものと大幅に異なっていたために、せっかくの時間を「余らせて」しまったことがあった。あるいは予約枠の残りの都合で、前の週は金曜日、次の週は月曜日の利用となった場合には、金曜日に用意された史料の状況を見て、当日中に追加で史料を請求しても、最短で準備されるのが火曜日になるため、予約を取った月曜日（つまりその週）には追加の史料を見られないということもあった。実際に毎日古法文書館に通えるのであれば、こうした誤差は日々の請求史料の量を調節することによって、ほとんど問題とならないが、滞在時間に限りがある場合には史料収集の進捗状況に大きな影響を及ぼすものであった。

五　デジタル化の成果と課題

これまでやや雑多に体験や感想に基づいて、コロナ禍前夜からロシアの図書館と文書館の状況を時系列に概観してきた。デジタル化は具体的にコロナ禍を予測して進められていたものではなかったが、コロナ禍によってそれまで半ば当然のように「よいもの」としてとらえられてきたデジタル化が試され、その利点と問題点が浮き彫りになったといえよう。既に言及しているものもあるが、本節では改めてデジタル化の成果と課題について考えてみたい。

（1）デジタル化の成果

歴史図書館の検索システムや古法文書館の目録の電子化など、インターネットさえあれば遠隔地からのアクセスを可能にするシステムは、コロナ禍における行動制限下において、その有効性を発揮した。利用者は自宅に居ながらにして、歴史図書館の検索システムやサイバーレーニンカ、ルニヴェルス、あるいはロシアに限定されるものではないがAcademia.eduなどのサイトを複合的に検索し、書籍や論文の情報を得たり、時に無料で閲覧、ダウンロードしたりすることが可能である。古法文書館であれば、電子公開されている目録を利用して、どの史料群にどのような史料があり得るのかということを知ることができるし、あるいは支払い手段と潤沢な資金があるのであれば、そして館員がそれぞれの館で業務に携わっているのであれば、歴史図書館や古法文書館に史資料のコピーをPDFなどのファイル形式で注文することもできる。また電子書店や各種インターネットショップでデジタル書籍や紙媒体の書籍を購入することも可能である。今や、アナログだけでは決して実現しえなかったような、図書館や文書館に行けないときでも、ある程度情報や資料を収集することができるという環境が整っているのである。

また、コロナ禍を契機として進められるようになったオンライン方式でのイベントや研究会、シンポジウムは、気軽な参加を可能にした。旅費や移動時間を捻出しなくても、インターネットさえ接続できれば希望者は世界中のどこからでも参加できるため、こうした開催形式は機会平等を提供しているといえるであろう。それはまた、直接研究テーマには関わるものではなくとも、関心のある分野のイベントへの参加をも一段と容易にする。これまでは現地にいなければ参加できなかった／参加しなかったような小規模なセミナーやワークショップであっても、オンライン開催であれば気軽に参加することができるようになったのである。

YouTubeなどでのセミナーや講義、研究会のオンデマンド配信も有効性を発揮している。オンラインでのイベントやセミナーは日時が決まっており、それを逃してしまうとどうしようもないが、オンデマンド型であれば、配信期間が限定されていない限り、そうした時間の制約がなく、たとえ数年後であっても気がついたときに、好きな時に、どこからでも、何度でも視聴できるのである。たとえばYouTubeであれば、玉石混交ではあるものの、様々な作り手・対象のコンテンツがある。日露戦争というテーマを例とするならば、対象はロシアの小中学生を対象にした平易な説明のものから一般を対象としたもの、歴史を専門に学ぶ大学生や研究者を対象とするものまであり、また作り手（解説者）も好事家からそのテーマを専門とする歴史家による解説、彼らの協力を得たテレビ局、歴史専門チャンネルなど非常に幅広い。内容も概説的なものから、日露戦争に対する日本における評価など特定のテーマを掘り下げたもの、歴史家同士の対談、研究会、大学の講義の録画、テーマに関する歴史家の新著の講演会など様々である。そしてこれらのコンテンツの中から、視聴者は自分の興味や関心、目的に合ったものをいつでも、どこからでも、何度でも視聴できるのである。必要であれば再生速度を変更したり、（自動生成を含めた）字幕をつけたりすることもできる。あるいは、自分の目的に沿わなければ視聴をやめたり、必要な部分だけ、関心のある部分だけ視聴したりということも可能である。こうしたオンデマンド型も、情報収集の機会をより広く提供しているといえよう。

このように、様々な分野におけるデジタル化はコロナ禍において加速度的に進み、人々が実際に体験する機会を制限されている状況下において、実体験を代替したり、補完したり、場合によっては実体験よりも可能性を広げたりするものとして大いに機能しているといえよう。

（2）デジタル化の課題

しかしデジタル化は実体験と完全に置き換えられたり、すべての問題を解決したりするような万能なものではない。実際に、コロナ禍においてその課題や限界は既にいくつも現れている。

たとえば書籍や論文などの資料収集について、そのすべてがデジタル化した状態で、インターネット上で手に入るわけではない。期間限定で公開していたり、購入できるものがあったり、あるいは古いものであればインターネット上に「落ちている」こともあるが、専門性の高いもの、比較的新しいが既に売り切れているものはやはり図書館に足を運んで現地で収集しなければならない。筆者が学部生であったころ、研究指導に当たってくださった先生方が、「昔は研究書や論文を集めることは「足で稼ぐ」と言って、それを所蔵している図書館に行くか、日本になければ海外から購入して取り寄せたりしなければならず、時間も労力もかかる大変な作業だった。必要なものが手に入らない、あるいは論文提出などの期限までに間に合わず、「今、その本は船で太平洋を横断中である」ということも多々あった。しかし今はインターネットの普及でそうした手間が一気に減った分、必要な資料が手に入らなかったということは許されない。便利になった反面、ある意味大変な時代になった」とおっしゃっていたことを今でもよく覚えている。まさにその通りで、資料のデータや所在が分かっている以上、デジタル化していないという理由で収集しないということは許されず、こうしたデジタル化に対応していない資料については、利用者が実際に図書館に行って書写したり、コピーを取ったり、あるいは実際の書店に行って紙の書籍を購入したりといったアナログな行為によってしか対処できないのである。

それでも研究書や論文など刊行された資料に関しては、これまで述べたような方法を駆使すれば大抵の場合、入手することが可能であるが、未刊行史料だけは事情がまったく異なる。

古法文書館のようにデジタル化した目録を公開している場合には、ある程度必要とする史料を絞り込むことができるが、それでもあたりをつけた史料群の中に実際に何が書いてあるか、さらに言うならば、利用者が知りたい情報が書かれているかどうかは実際に史料を見ない限りわからないのである。利用者の立場から極論を恐れずに言えば、史料がすべてデジタル化して公開されるのであれば史料収集は劇的に飛躍するであろう。ただしそれは文書館のこれまでのあり方、そしてこれから目指すあり方と一致するとは限らない。たとえ文書館がそれを目指していたとしても、未分類の史料も含めて膨大な史料を所蔵する状況においては、デジタル化は途方もなく大変な作業で、おそらく現実的でもないことは想像に難くない。そして、既にマイクロフィルムでの閲覧を通じて明らかであるが、たとえデジタル化したとしてもそれは史料が持つ情報の断片的な一部にしか過ぎない。たとえば、史料をテキストデータ化したとする。それは非常に便利で、時に書き手の筆跡や書き方の癖に悩みながら手書きの文字を一つ一つ読んでいく手間もなく、そもそも何の文字かわからないということもない。オリジナルの史料ではカンマやピリオドが書かれていないために、どこで文章が終わるのかよくわからなくても、テキストデータではそれらが補われて文章として読むことができる。しかし翻刻間違いも当然ありうるし、レイアウト、同一文章中での筆跡の違い、特定の単語を略記する方法などのオリジナルの史料に含まれる様々な情報が抜け落ちてしまう。スキャンしてデータ化した場合は、確かに書いてある文言、筆跡はオリジナルと全く同じであろう。しかし、それが書かれた紙の大きさ、厚み、質、印章の凹凸の具合などはわからないし、たとえば解読済みの暗号で書かれた文章の場合、オリジナルであればインクの色の違いや重なり方から、おそらく送信側は暗号のみの文章を書いて送り、受信側はその隙間に解読文を書き足したことがすぐにわかるが、スキャンデータであれば、その解像度によってはそれがまったくわからないのである。

オンラインでの研究会やシンポジウムについての課題もある。オンラインでの研究会は参加や途中退室が容易である反面、その場の雰囲気、フロアの反応というのが今一つわかりにくく、またその場での質疑応答などがどうしても控えめなものになりがちである。そして、こうした研究会では報告や質疑応答といったいわゆる公式の場でのやり取りはもちろん、その合間や前後の時間で他の研究者たちと知り合ったり、他愛もないおしゃべりをしたり、お互いの研究の紹介をしたり、研究上の有用な情報を交換したり、といったいわば非公式でのやり取りも非常に重要なものである。特に重要であるのが、（うまくいかないことも当然あるが）他の研究者と知り合うことである。世間話で終わる場合も多々あるが、そこで史料収集のコツ、研究へのヒントなどを得られることもあるし、そこまでいかないまでも、ちょっとした裏話、「オフレコ」の話から得られるものは多い。オンライン開催でも雑談はできないことはないが、どうしてもその場にいる全員に対しての発信になってしまうため、必然的にこうしたちょっとしたやり取りがしにくい、生じにくいのである。それゆえに、オンラインでの研究会などのイベントは、対面でのそれを完全に代替するものとはいえないであろう。

そしてまた、デジタル化の大きな問題として、デジタルそのものを扱うことのハードルの高さに気づくであろう。これまでデジタル化によってアクセスや参加機会の平等化という側面がある、というようなことを何度か述べてきたが、それは実は利用者のデジタルな仕組みを使いこなす能力や技術、センスによるところが非常に大きく、仕組みを使いこなせる人にとっては、デジタル化によってアナログな方法では不可能なほどの情報を手に入れたり、自身が必要とする書籍を簡単に手に入れたりということが可能である。一方でそれを使うことが難しい人にとっては、かえってアナログよりも情報を手に入れにくい、関心のあるイベントに参加しにくいといったような不便な状況に陥ることがありうる。そうした意味において、デジタル化された状況は、アナログ以上に利用者を差別化する可能性を内在しているのではないだろうか。たとえば、筆者が初めて歴史図書館で検索システムを使おうとした時、一人ではどこに何を入力することが求められているのかよくわからなかったが、館員に助けを求めて目の前で実際にやって見せてもらうことによって、すぐにできるようになった。この時は館員が近くにいたからそれが可能であったが、たとえばロックダウン中に自宅で（言い換えるのであれば非対面のみで）初めて検索システムを触ることになっていたとしたら、当然のことながら実際にやってもらう、見せてもらうという簡単なことができない。メールなどで問い合わせることはできるが、対面で教えてもらう即時性や簡便性とは比べ物にならない（ただし、メールは後から読み直して確認することができるため、よい点もある）。その上、与えられた回答で解決できなければ、延々とこうしたやり取りを続けなければならないのである。

そしてまた、図書館や文書館は史資料を収集するだけではなく、そこで偶然的に人と出会い、交流することができる場でもある。それは積極的に館員や他の利用者と関わることのみを指すのではない。様々なテーマに取り組む人々と同じ空間に身を置いてみることではじめて学べるものは多い。一つの参考例として他の利用者がどのように史資料を集め、どのように書写し、あるいはどのように館で時間を使うかといったことは、実際に行かなければわからないことであり、デジタル化で容易に代替することはできないであろう。

結局、これほどデジタル化が進んでいても歴史学研究にとっては依然として「足で稼ぐ」ことが大きな意味を持っており、今後それを完全にデジタルで代替できるということにはならないように思われる。確かに検索システムなどデジタル化で大幅に効率化、簡素化されてはいる分野はあるものの、限界があり、デジタル化された仕組みを実際に操作したり、またどのような史資料を使うのか選択したり、あるいは集めたものを実際にどの程度、どのように読み、さらにどのように活用する（あるいは活用しない）のかは結局のところ、利用者自身によるところが大きく、それはデジタル化の対極にあるものではないだろうか。

おわりに

本章ではロシアを例として、歴史学研究者にとって史資料収集の最も重要なフィールドである図書館や文書館におけるデジタル化の成果と課題を概観してきた。コロナ禍以前から進められてきたデジタル化は、コロナ禍での様々な制限にもかかわらず、利用者にとって以前と遜色ない、あるいはそれ以上の活動を可能にした。その一方で、デジタル化によって、かえって利用者間にある種の不平等が生まれうる可能性があることや、オリジナルの史料を閲覧したり、対面で研究会に参加したりすることが決してデジタル化では代替しえないことなど、デジタル化の限界も見えてきた。

これまで挙げてきた図書館や文書館のデジタル化の成果と課題はあくまでも利用者としての視点に基づくものであるがゆえに、史資料を提示する側である図書館や文書館のアーキビストたちの視点とは当然異なるものがあるだろう。今後、そうした差異を明らかにし、照らし合わせていくことによって、図書館や文書館が史資料をいかに「継承」してきたのか、今後していくのか、そして利用者が利用者として自らの研究を進めつつ、そこにどのようにかかわっていくのかという問題を改めて問い直し、今後双方にとってより良いデジタル化や「デジタル化しない」方向を模索してゆくことにつながるのではないだろうか。

註

（1）ロックダウン中の文書館と図書館の利用状況については滞在記あり。https://www.jrex.or.jp/researchers-japan/%e6%bb%9e%e5%9c%a8%e8%a8%98/（二〇二二年八月二八日閲覧）

（2）総務省『令和3年版情報通信白書』七九頁。

（3）デジタルアーカイブは、デジタル化した史資料を蓄積し、データベース上で公開することで、利用者が時間や場所を問わずネットワーク技術を用いて検索し、閲覧することを可能にするシステムである。

（4）資料は文字のみならず写真や図、モノなど多岐に渡る。本章ではその下位分類として、作成当時の文書の現物やそれをそのままの形でマイクロフィルムやデータ化したものを史料、研究書や論文などの刊行物などを資料とする。

（5）ロシアにおけるデジタルヒストリーの紹介例として *Бородкин Л. И.* Digital History: применение цифровых медиа в сохранении историко-культурного наследия? // Историческая информатика, №1, 2012. С.14-21. *Володин А. Ю.* «Цифровая история»: ремесло историка в цифровую эпоху // Электронный научно-образовательный журнал «История», 2015. Т.6. Выпуск 8（41）

（6）Seefeldt, Douglas, Thomas, William G., What is Digital History? The newsmagazine of the American Historical Association Perspectives on History, https://www.historians.org/research-and-publications/perspectives-on-history/may-2009/what-is-digital-history（二〇二二年八月二八日閲覧）

（7）小風尚樹他「デジタルヒストリー入門：2018 Spring Tokyo Digital History Symposium 開催報告」七頁。

（8）菊池信彦「デジタルヒストリーの動向―「若手研究者問題」を背景に―」『フェネストラ：京大西洋史学報』一、二〇一八年、九－一六頁。

（9）実際の大統領令では三〇日（月）開始と規定されていたが、報道などでは二八日（土）から実質的な非労働期間として報じられた。
https://publication.pravo.gov.ru/Document/View/0001202003250021（二〇二二年八月二八日閲覧）

（10）https://www.shpl.ru/news/s_18_marta_istoricheskaya_biblioteka_vremenno_zakryta_dlya_posewenij/（二〇二二年八月二八日閲覧）

（11）https://www.shpl.ru/news/udal_dostup_cambr/（二〇二二年八月二八日閲覧）

（12）https://www.shpl.ru/news/priglashaem_5_maya_v_1400_na_onlajnseminar_bibliotechnoinformacionnaya_gramotnost/（二〇二二年八月二八日閲覧）

〔付　記〕　本章は日露青年交流センター二〇二〇年度若手研究者等フェローシップ《日本人研究者派遣》による研究成果の一部である。

〈コラム〉ウクライナ侵攻下におけるロシアの図書館、文書館、日本人の研究状況
――デジタル化の役割――

鈴木 佑梨

はじめに

世界がコロナウイルス感染症によるパンデミックに直面し、その克服あるいは共存への模索が続く中、これに勝るとも劣らない衝撃を世界にもたらしたのがロシアによるウクライナ侵攻である。(1) ロシアとウクライナはロシアによる二〇一四年のクリミア半島の併合宣言やウクライナ東南部ドンバス地方をめぐる親ロシア派の支援などによって対立していた。二〇二二年二月二四日五時三〇分（モスクワ時間）に、プーチン大統領が「ロシア連邦大統領のメッセージ」を公表し、国連憲章第五一条の集団的自衛権を根拠として、ウクライナの「非軍事化と非ナチ化」を目的とした特別軍事作戦の開始を通達、その数分後、首都キーウを含むウクライナ各地へのミサイル攻撃や空爆が開始された。(2) ウクライナ側はゼレンスキー大統領が即日戒厳令、翌日には総動員令を発令し、徹底抗戦の構えを示した。正規戦、非正規戦だけではなく、外交措置、経済制裁、サイバー攻撃、情報・心理戦など、様々な手段が組み合わされたハイ

ブリッド戦争であり、複雑な様相を呈している。(3) 二〇二二年九月末時点では、アメリカやヨーロッパ各国からの武器供与を受けたウクライナ側の反転攻勢により、東部のイジューム等複数の都市や集落を奪回しつつあるが、ロシア側の「部分的動員令」の発表、ロシア軍占領下のウクライナ東部・南部四州での「住民投票」に基づくロシア領内への編入宣言、あるいは核使用の可能性への言及などもあり、事態は全く予断を許さない状況にある。そしてこの侵攻をどの地点で、どのように終結させるのか、その後いかに和平交渉に至るのかといった問題も残っている。

ウクライナ侵攻は両国の人々、ウクライナをフィールドとする研究者はもとより、ロシアをフィールドとする研究者にも大きな影響を与えている。ウクライナ侵攻そのものは非常に複雑で大きなテーマであるため、全体を論じることは不可能であり、本コラムの目指すところではない。本コラムでは、ウクライナ侵攻という状況下におけるロシアの文書館や図書館の状況、さらに言うならば、それらがロシアをフィールドとする日本人研究者の研究に与える影響について簡単に俯瞰し、さらに本書のテーマであるデジタル化がウクライナ侵攻という「危機」においてどのように機能するのか、あるいはその限界はどこにあるのか、コロナ禍という「危機」との類似点・相違点がいかなるものであるのか、などについて考えてみたい。状況が非常に流動的であるため、本コラム執筆時から本書の出版までに事態が大きく変化することは確実であろう。場合によっては全く見当違いなものになる可能性もあるが、あくまで試論として位置づけたい。

ウクライナ侵攻後のロシアと日本の状況

ウクライナ侵攻開始後、アメリカやヨーロッパ各国はロシア国籍機の領空通過と加盟国内での離着陸を禁止し、またロシアもこれに対抗して同様の措置を取ったため、航空便の運航停止が相次いだ。日本はこの動きに直接関わってはいなかったが、安全上の理由からヨーロッパ便はロシア上空を回避するルートを選択するようになり、二〇二二年九月末時点では、ロシアと日本を結ぶ直行便はすべて停止している。その一方で、アメリカやヨーロッパ諸国、日本はロシアに対する最恵国待遇の撤回、ＳＷＩＦＴからのロシアの銀行排除等の経済制裁を行った。これと連動して、西側資本の民間企業も相次いでロシアからの事業撤退、縮小、一時停止を表明している。特にクレジットカード大手のVISAとMasterによるロシアでの決済事業停止は、ロシア国民のみならず、ロシアの現地通貨での収入がない外国人にとっても、大きな影響を及ぼすものであった。こうした状況から、日本の外務省は三月七日に、既にレベル四（退避勧告）が発出されているロシアとウクライナとの国境周辺地域を除くロシア国内全域をレベル三（渡航中止勧告）へと引き上げ、各企業の駐在員や留学生の大半が帰国を余儀なくされた。またロシアは三月七日にロシアへの制裁措置を行う四八の「非友好的な国と地域」を明記したリスト、五月六日にはロシア入国禁止対象となる六三人の日本人のリストを発表しており、緊張状態は依然として続いている。(4)

それでは現在日本からロシアに行くことは全くできないのであろうか。入国禁止対象者のリストに入ってさえいなければ、ロシア大使館はビザの発給を通常通り行っている。外務省から渡航中止勧告が出ているが、出国できないように空港で止められたり、あるいはパスポートを取り上げられたり、などということはない。また、ロシア国内で日本人だと判ったからといって現地の人々の対応が冷ややかになるということもない。上記の飛行機やクレジットカード、あるいはロシアへの現金や奢侈品の持ち出し制限強化といった種々の問題をクリアできるのであれば、日本からロシアに行くことは不可能ではない。しかし、経済制裁やそれに基づく日本とロシアの政府レベルでの緊張状態だけでなく、ロシア政府が国内の反戦デモを厳しく取り締まったり、あるいは九月二一日に発令された「部分的動員令」によってロシア社会が大きな混乱の中にあったりという状況を鑑みれば、現地の状況の予測や安全確保は非常に難しく、現在は外務省の勧告通りロシアへの渡航は控えるべきであろうし、事実上ロシアには「行けない」状況であると言えよう。

ウクライナ侵攻下におけるロシアの文書館と図書館における「制限」

経済制裁による物価上昇や、外国資本の撤退、規模縮小の一方で、ロシア国内は表面上、比較的落ち着いているように見受けられる。コロナウイルス感染症予防のための様々な制限はほぼすべて解除、撤廃された。たとえば、古法文書館では二〇二二年三月一一日からすべての制限が解除され、コロナ禍以前の状況に戻された。つまり公式サイト上での事前予約、文書館の利用者数の制限、閲覧室内の利用者数の制限といった規定が廃止された。通行証制度も復活し、以前のとおり初回は仮の、二回目以降は年内有効の通行証の携帯が必須となった。これに伴い、閲覧室のある一号館に直接入館することはできなくなり、以前と同様に事務所のある建物を通り、中庭を経て古法文書館のある一号館に行くこととされた。一方で、コロナ禍によって変更された仕組みがそのまま残されたものもある。閲覧史料の予約は、訪問予定日の一週間前までにという但し書きはついたものの、事前にWordのフォーマットに入力して閲覧室へメールを送信しなければならない。ただし史料予約に関しては、閲覧室における紙媒体での申請も復活しており、より柔軟な対応になったと言えよう。

歴史図書館でも、二〇二二年九月現在、コロナ禍で導入された入館予約、座席や開架図書部分の利用制限といったあらゆる制限が撤廃され、館内での研究会やワークショップ、セミナー、新刊紹介など様々な対面での催しが復活しており、コロナ禍以前の状況に戻っている。侵攻されている側ではないため当然かもしれないが、これらの状況からは、ロシア国内の文書館や図書館の開館・運営状況に対してウクライナ侵攻そのものの影響は少なくとも利用者の側からはほとんど見られない。

もし現在ロシア国内にいるのであれば、上記の通りウクライナ侵攻に端を発する文書館や図書館利用の制限は一切ないと言えるであろうし、コロナ禍に比べれば、まったく影響がないという状況にある。ただ、現実にはロシア国外にいる日本人、さらに言うならば、ロシア政府から非友好国認定され、日本の外務省から渡航中止勧告が出ている国の人間としては、これらの文書館や図書館へのアクセスに侵攻の影響がないとは言いがたい。つまり、非友好国認定されていない国の人々にとっては、実際に行くかどうかは別として、ロシアへの渡航にはほとんど支障がないが、日本人にとっては渡航が難しい状況にあり、それは現地の文書館や図書館へのアクセスのしにくさにも大きく影響しているのである。

ウクライナ侵攻によるロシア国外からの研究の限界

それではロシアに「行けない」ことによって研究にどのような影響があるのだろうか。ここではウクライナ侵攻後にできなくなったこと、難しくなったことについて具体的に見ていきたい。

日本から歴史図書館や古法文書館に史資料のコピーをＰＤＦなどのファイル形式で注文したり、リトレスやオゾンなどのロシアのインターネットサイトなどで電子版あるいは紙媒体の書籍を直接購入したりすることができないわけではない。しかし、経済制裁によって、以前は使えていたVISAやMasterなどの大手のクレジットカードがロシアで使えなくなったり、ＳＷＩＦＴの排除に伴いロシアへの国際送金の多くが停止したりしている状況下では、支払い手段は現地の銀行口座を持っているなどの場合に限られる。そのため、現地の図書館や文書館、インターネットショップなどに直接支払うことの難易度はウクライナ侵攻以前に比べて格段に高くなっており、コピーを含む史資料の直接購入は実質的にできなくなっている状況にあるといえよう。

またコロナ禍で既に明らかであったように、未刊行史料の収集については、現地の文書館で実際に閲覧することが重要である。そのため、現地に「行け」ず、上述のようにコピーの支払い手段も閉ざされた状況においては、この活動を代替する手段はないといえよう。

さらに歴史学研究の場合は、文字資料としての史資料収集以外にも、現地調査としてその場所を実際に訪れて直接観察なり調査なり行うことがある。あるいは博物館や美術館などといった施設で史料を収集したり、テーマに関連する当時のモノを直接見たりするなどして研究を補うこともある。たとえば、文書館で閲覧できる史料がマイクロフィルムという形態のみであった場合、当時使用されていた紙の質感や大きさ、あるいはそこに付されている印章などのイメージはなかなかつかないが、博物館で同時代の同種の史料が展示されていれば、たとえ手に取って触ることはできなくても、実際に見ることでこうした情報を得ることができる。あるいは、たとえば当時の軍服について知りたい場合は、現在では写真や絵などをインターネット上で検索することができるので非常に便利である。しかし、博物館で実際に見ることによって、写真や絵で見たよりもごわついている、あるいは色鮮やかであるなどということがわかる。そうした細かな情報は、やはり現地で、その場に行って経験しなければ決してわからないことである。

研究会やシンポジウムなどの各種イベントへの参加に関する問題もある。イベントがオンラインもしくはハイブリッド型で行われれば、現地に飛ぶことができなくても参加することは可能であるが、当然のことながら、対面型のみで実施された場合は参加、視聴することができないのである。現在の国際状況を鑑みて、比較的大きな規模の研究会ではオンラインやハイブリッド型で開催する場合もあるが、小規模であったり、地方で行われたりするイベントでは非対面式のデメリットやハイブリッド型の準備の煩雑さもあり、対面式のみで実施するケースも増えてきている。ウクライナ侵攻前であれば、旅費と時間を工面すれば参加できたことが、どちらを工面しても参加できないという事態が生じているのである。

デジタル化の恩恵

このようにウクライナ侵攻によって現地に「行けない」ことによって、研究活動が狭まっている日本の歴史学研究者にとって、遠隔地からのアクセスを可能にするデジタル化はコロナ禍でそうであったように、あるいはそれ以上に非常に大きな役割を果たしている。

歴史図書館の検索システムをはじめ、サイバーレーニンカ、ルニヴェルスといったサイトは日本からでも引き続きアクセス可能で、以前と同様に資料の検索や閲覧、ダウンロードが可能である。古法文書館の電子公開されている目録も閲覧可能で、どの史料群にどのような史料があり得るのかということを知ることができる。

そしてコロナ禍を契機として進められるようになったオンライン方式、あるいはオンラインと対面の同時開催であるハイブリッド方式で研究会、シンポジウムなどのイベントが行われれば、現地に飛ぶことができなくても参加することが可能である。むしろ、高額な航空券や移動にかかる時間などを捻出する必要がないことは大きなメリットといえる。同様に、YouTubeなどでのセミナーや講義、研究会のオンデマンド配信も引き続き非常に有用である。

なによりも、様々な研究活動が制限されている状況下においては、現在アクセスできる史資料やコンテンツの重要性が相対的に、より増しているのではないだろうか。たとえば文書館に行って新たな史料を閲覧できないからこそ、図書館の検索システムを活用して、これまで保留にしていた周辺テーマの資料を探してみたり、オンラインで手に入るものを読んだり、テーマに関連するオンデマンド型の配信番組について様々なタイプのものを視聴してみたり、あるいは古法文書館の電子化された目録をじっくりと読んだりする機会でもある。今現地に「行けない」からこそ、現地にいなくてもできること、現地でわざわざしなくてもよいことをする機会であり、デジタル化されたサービスやコンテンツこそが、人々にこうした機会を豊富に提供することで、現実の様々な制約を超えて、現地とそこに「行けない」人々をつなぐという重要な役割を果たしているのではないだろうか。

ウクライナ侵攻とロシアの図書館・文書館

これまでロシアを研究対象とする日本人という視点から、直接経験したウクライナ侵攻の影響を概観してきたが、最後にこうした視点とは少し離れて、ウクライナ侵攻がロシアの図書館・文書館に直接及ぼしうる影響について考えてみたい。

二〇二二年九月二一日に発動が宣言された「部分的動員令」[5]では、国防相ショイグの説明によると、深刻な兵員不足を補うために特別な軍事技術や経験を持つ予備役およそ三〇万人が動員対象とされたが、上記の大統領令では実際の動員人数を記載した項目が公表されず、また対象外であるはずの人々も強制的に召集されていることなどから、ロシア社会に大きな動揺を与えている。各地で「部分的動員令」への抗議デモが実施され、あるいは発動後わずか一週間ほどで二〇万人以上のロシア人がジョージア、カザフスタン、フィンランド、モンゴルなどの周辺諸国に脱出したと報じられている。動員と併せてこうした人々の流出は、ロシア国内に深刻な影響を及ぼすことが予想される。それは文書館や図書館の運営においても例外ではないのではないだろうか。

ロシアでの兵役義務は一八歳から二七歳の男性に一年間と定められている。こうした義務は大学生であることや健康状態などの理由により、免除されることがあり、実際に兵役を逃れるために大学院へ進学するケースも多々ある。一年間の兵役の後、あるいは進学などで二七歳を過ぎると、予備役として登録され、有事の際に動員されるという仕組みである。また、連邦法によれば、博士候補（кандидат наук）及び博士（доктор）の学位を持つ者には[6]、二七歳以下であっても兵役義務が免除される。こうした法令を見る限りでは、最低でも博士候補の学位を持つ古法文書館や歴史図書館の館員たちは、動員の対象外であるが、現在の混乱の中では間違って動員される、あるいはそれを避けるために一時的に周辺諸国に退避することも考えられる。そのような事態になった場合、これらの館は利用者に向けて開館することはできなくなるであろうし、より深刻な事態としては専門的知識を持つスペシャリストとしての館員が不足する、いなくなるということが考えられる。それは、文書館や図書館（あるいは博物館、美術館）の史資料を収集し、整理し、保存し、利用者に向けて公開する専門家がいなくなるということであり、彼らがいなければ文書館や図書館は成り立たないのである。

そしてまた、戦争が起こっているということは、文書館や図書館に収蔵されている史資料も破壊・紛失の危機にさらされているということである。侵略されている側のウクライナにおいては、既に大きな問題となっている。ＩＣＯＭ（国際博物館会議 International Council of Museums）の二月二四日の声明(7)では、侵攻によるウクライナの館員たちと文化遺産への脅威が懸念され、実際にハルキウやルハンシク、チェルニーヒウなどのロシア軍の攻撃を受けた地域の図書館や博物館、美術館が全部または一部損壊し、史資料も被害を受けているという。侵攻側のロシアにおいては、現段階ではウクライナほど差し迫った状況にはないが、ロシア国内の混乱が文書館や図書館にも及べば、収蔵品の安全も脅かされる可能性がある。特にオリジナルはなくなってしまえば決して取り戻すことはできない。それぞれの館の根幹を成す史資料も、それを守り、利用者にサービスを提供する館員も、どちらが欠けても文書館や図書館は成り立たず、一度失ってしまえば、たとえ戦争が終わっても、その損失を回復するのは非常に困難である。

二章で見てきたように、図書館においても文書館においても、資料のデジタル化を行ったり、検索システムを構築したり、様々なレベルでデジタル化を進めつつある。しかし現状のデジタル化では、こうした直接の戦禍に対する危機への対処はできない、あるいは非常に限定的な対処にとどまるといえるのではないだろうか。

おわりに

コロナ禍とウクライナ侵攻はどちらも図書館や文書館にとって危機的状況にあたるが、その性質は全く異なるものである。コロナ禍の行動制限下ではデジタル化が多少の課題はあれども、人々の実体験を補う役割を果たしたのに対し、ウクライナ侵攻下のロシアにおいては、各国の政治的・経済的姿勢も影響して、デジタル化の果たす補完的役割はさらに限定されている様子が伺える。しかし限定的であるがゆえに、デジタル化によって提供されているサービスやコンテンツが現状で果たしている役割の重大性がかえって増しているといえよう。戦争の行方は予断を許さない状況にあり、今後もまだ険しい道のりが予想される。それでも、いつか戦争が終わり、両国が和平を結んで再び平和に向かって歩み始めるとき、戦時においても国を超えて人々を結ぶ要因であったデジタル化は、その新たなスタートに、人々を図書館や文書館に呼び戻し、再び人々を結ぶ重要な役割を果たしうるのではないだろうか。

註

（1）日本の首相官邸は「ウクライナ侵略」という表記を用いているが、本コラムでは日本社会において、より人口に膾炙している「ウクライナ侵攻」に表記を統一する。首相官邸「ロシアによるウクライナ侵略を踏まえた対応について」https://www.kantei.go.jp/jp/headline/ukraine2022/index.html（二〇二二年八月二八日閲覧）

（2）ロシア政府側はこの演説から一貫して「特別軍事作戦（специальная военная операция）」という呼称を用いている。http://kremlin.ru/events/president/news/67843（二〇二二年八月二八日閲覧）

（3）ハイブリッド戦争の定義の例として、第三三六回国際政経懇話会「ハイブリッド戦争：ロシア外交の最前線を読み解く」https://www.jfir.or.jp/2021/05/31/4245/（二〇二二年八月二八日閲覧）

（4）http://publication.pravo.gov.ru/Document/View/0001202203070001（二〇二二年八月二八日閲覧）

（5）http://www.kremlin.ru/acts/news/69391（二〇二二年九月二一日閲覧）

（6）ロシアにおける博士候補は日本の博士、欧米のPh. Dに相当するものであり、ロシアの博士はさらにその上の学位を指す。

（7）https://icom.museum/en/news/statement-russia-invasion-into-ukraine/（二〇二二年八月二八日閲覧）

第三章　コロナ禍前後の博物館の動向
――デジタル化の進展と課題――

奥田　環

はじめに

博物館は誰もが訪れることのできる場所である。そもそも博物館と言ってもその種類はさまざまで、館種をあげれば、例として歴史民俗、考古、美術、文学、自然史、科学、プラネタリウム、動物園、水族館、植物園、と多岐にわたる。身近に親しんできたり、好きな場所であったり、校外学習や遠足で訪問したり、そうでなくても何らかのかたちで知っている、聞いたことのある施設であろう。そこは、自らの意思で自由に訪れることのできる場所なのである。

ところがこの「訪れる」こと、すなわち足を運び現地に出向くという直接的な訪問が、コロナ禍において大きく制限されることにより、結果的として「博物館を訪れる」こと自体に多様な形態が生じるようになった。それは博物館のあり方の新しい模索と発展であると同時に、これまで博物館に迎え入れてきた「来館者」を広義に捉えなおし、あらためて展示の意義をみなおす機会ともなった。

本章では、まず博物館とは何か、その機能や使命を概説したうえで、コロナ禍を契機として博物館活動にどのような変容が生じ、これからそれがどう進展していくのか、それにより顕在化した問題点は何かを明らかにする。そして見えてきた課題とその解決への方向性を探り、「博物館の展示とは」「博物館で実物を見る」ということを考えながら、あらためて「博物館を訪れる」ことについて、来館者の視点からまとめてみたい。

また「デジタル化」を主眼に、今、博物館はどのような局面を迎えているか、博物館の現状を解説し、さらに変革のときを迎えた「新しい博物館」（文化審議会答申、二〇二一年）についても言及する。そしてそのなかで博物館が資料を保存・継承することの意義を今一度考えてみる。

一　博物館とは――その目的と役割――

（1）博物館の定義

まず「博物館とは何か」「博物館とはどのような施設か」を説明しよう。

ＩＣＯＭ（International Council of Museums、アイコム、国際博物館会議）は、博物館の国際的な協力組織である。一九四六（昭和二一）年成立の国際的非政府機構で、二～三年に一度、世界各地で大会（国際会議）を開催し、世界における博物館とその関係者の振興・発展・協力体制を支援してきた。二〇一九（平成三一）年九月には日本ではじめてＩＣＯＭ京都大会（第二五回）が開かれている。

二〇二二（令和四）年八月のＩＣＯＭプラハ大会（第二六回）では、ＩＣＯＭ規約に定めるmuseumの定義が一五年ぶりに改正された[1]（ＩＣＯＭ規約第三条）。

“A museum is a not-for-profit, permanent institution in the service of society that researches, collects, conserves, interprets and exhibits tangible and intangible heritage. Open to the public, accessible and inclusive, museums foster diversity and sustainability. They operate and communicate ethically, professionally and with the participation of communities, offering varied experiences for education, enjoyment, reflection and knowledge sharing.”

ＩＣＯＭ日本委員会による日本語訳（二〇二三年一月公表）は以下の通りである。

「博物館は、有形及び無形の遺産を研究、収集、保存、解釈、展示する、社会のための非営利の常設機関である。博物館は一般に公開され、誰もが利用でき、包摂的であって、多様性と持続可能性を育む。倫理的かつ専門性をもってコミュニケーションを図り、コミュニティの参加とともに博物館は活動し、教育、愉しみ、省察と知識共有のための様々な経験を提供する。」

また、日本における博物館法（一九五一年制定）では第二条で博物館について次のように定義している。

「この法律において「博物館」とは、歴史、芸術、民俗、産業、自然科学等に関する資料を収集し、保管（育成を含む。以下同じ。）し、展示して教育的配慮の下に一般公衆の利用に供し、その教養、調査研究、レクリエーション等に資するために必要な事業を行い、併せてこれらの資料に関する調査研究をすることを目的とする機関（社会教育法による公民館及び図書館法（昭和二十五年法律第百十八号）による図書館を除く。）のうち、次章の規定による登録を受けたものをいう。」

博物館法は二〇二二年二月に改正され、二〇二三年四月一日施行であるが、この第二条においては、設置主体者について削除があったものの、「博物館とは」に対する定義自体は変更がない。

国際的な組織であるICOMによる博物館の定義、日本の博物館法における博物館の定義、それぞれに表現や説明するところの違いは見られるが、基本的なことは共通している。すなわち、「遺産」や「資料」を、「収集」し、「保存」「保管」し、それを「解釈」「調査研究」して、「展示」し一般に公開するのであり、それは「教育」であるとともに「愉しみ」「レクリエーション」でもあるのである。

ここではこの「博物館の定義」として、博物館資料の「収集・保管」、「調査・研究」、「展示・教育」の三つの柱を紹介したいが、それは同時に、博物館の三つの機能であり、その目的と活動内容でもある。この定義を知ることで、まず博物館がどのような施設であり、何をめざして活動していくか、理解できよう。

（2）博物館の種類

「はじめに」で触れた館種は例として思いつくものを並べてみたものである。これらの博物館を分類する場合、その分類基準によってとらえ方も異なってくる。例えば資料の展示場所によって分ければ、屋内展示と屋外展示（野外博物館）、設置者別に考えれば、国立・公立、私立博物館。つまり博物館の種類と言ってもさまざまなとらえ方ができるが、ここでは「博物館に出かけよう」と思い立った際に、おそらくは「何を見に行こうか」とまず資料の種類を思い描くであろうことから、資料別の分類によって「どのような博物館があるか」を見ていく。

先ほどあげた博物館の定義では、「歴史、芸術、民俗、産業、自然科学等に関する資料」と書かれていた。これらの言葉から察せられるように、「資料」の種類は直に館種を決定する。「どのような資料を展示しているか」と考えればわかりやすいだろう。資料の分野を大きく分ければ、人文系と自然系に分けられる。総合博物館はその両分野の資料を展示し地域全体を扱い、人文系ならば歴史博物館、郷土博物館、民俗博物館、民族博物館、考古博物館、文学館、記念館、芸術作品を取り扱う美術館、自然系ならば自然史博物館、動物園、水族館、植物園、昆虫館、理工学系の科学館、産業博物館、天文学博物館、そしてプラネタリウムと列挙することができる。

本章で言う「博物館」は、その名称に「博物館」の文字がある施設についてのみ語るものではない。「博物館とは何か」に答えるものとして、博物館の定義に基づき博物館の機能を果たす施設についてまとめ、解説を加えていくことになる。

（3）博物館の使命

その博物館が何を自館に課し、何を目的としているかは、博物館が社会や市民に対し貢献するべきこととして、それぞれの博物館が表明している。使命は機能と密接に関連し、かつその博物館の存在意義にも直結する。ここでは博物館が社会から何を託されているか、何を求められているか、博物館の社会的役割について考えてみよう。

博物館法の目的について、第一条は次のように述べる。

「この法律は、社会教育法（昭和二十四年法律第二百七号）及び文化芸術基本法（平成十三年法律第百四十八号）の精神に基づき、博物館の設置及び運営に関して必要な事項を定め、その健全な発達を図り、もつて国民の教育、学術及び文化の発展に寄与することを目的とする。」

これに従って考えるに、まず博物館は教育機関である。社会教育法（一九四九年制定）では、第二条で社会教育を学校における教育活動（学校教育）とは別に「主として青少年及び成人に対して行われる組織的な教育活動」と定義し、第九条で「図書館及び博物館は、社会教育のための機関」とする。博物館は社会教育法に基づく社会教育施設であり、それは生涯学習にも資するものである。生涯学習とは教育基本法（一九四七年制定）第三条で「国民一人一人が、自己の人格を磨き、豊かな人生を送ることができるよう、その生涯にわたって、あらゆる機会に、あらゆる場所において学習することができ、その成果を適切に生かすことのできる社会の実現図られなければならない。」と規定されているように、人々が生涯に行うあらゆる学習、すなわち、学校教育、家庭教育、社会教育、文化活動、スポーツ活動、レクリエーション活動、ボランティア活動、業内教育、趣味など様々な場や機会において行う学習を指す(2)。人々はいつでもどこでも学ぶ、その機会の一つを博物館は提供している。

次に博物館は文化機関である。「文化」というものの解釈は本来さまざまではあるが、ここでは文化庁による「文化芸術振興の意義」から学び、文化芸術を「人々が真にゆとりと潤いを実感できる心豊かな生活を実現していく上で不可欠なものであると同時に、個人としての、また様々なコミュニティの構成員としての誇りやアイデンティティを形成する、何物にも代え難い心のよりどころとなるもの(3)」ととらえると、博物館は人々の知的欲求に応え、人々が文化を享受する機関である。それが博物館法第一条にみる「学術及び文化の発展」につながっていく。

そして博物館は研究機関である。博物館の三つの機能のうちの「調査・研究」活動は、「展示・教育」活動の基盤である。博物館は展示空間を備えた施設であるが、展示はただ単に見せたいモノ（資料）を陳列するだけの場ではない。そこにはストーリーがありメッセージがある。その背景には、資料に対する正確な理解が必要不可欠であり、それは綿密な調査・研究から得られるものに他ならない。博物館は所蔵する資料に基づいた研究を推進し、その成果を蓄積していく場である。

さらに博物館は保存機関である。博物館の三つの機能である「収集・保管」、「調査・研究」、「展示・教育」の対象とは何か、と考えれば、それは「資料を」または「資料で」と言えるだろう。博物館活動の根幹にあるのは、資料である。しかしその資料は有形・無形に限らず、時間とともに劣化する恐れがある。それに対して、環境を整え適切な保管方法をもって、資料の劣化を防ぎ現状を維持したまま次世代に伝えることが、重要な博物館の責務である。ここでは保管を「保存して管理する」ととらえる。保存とは「物のそのままの状態を維持すること」、そして管理とは「その目的のためにしかるべく取り計らうこと」である。

資料の収集は博物館活動のスタートであるが、それをまず適切に保管することが博物館に課せられた任務である。そして調査・研究活動によってその資料から抽出されたさまざまな情報をもとに、展示・教育活動につなげていく。が、それのみならず、博物館は今目の前にある資料を、そしてその資料から得られたさまざまな成果を、そしてその結果生み出されていく文化を、将来に伝え未来に手渡し、時間を繋げ歴史を紡いでいく。今失われては二度と得られないものを保存し伝えること自体が、過去から未来へと歴史を紡ぐ貴重な文化資源ともなる。博物館はさまざまな意味で「継承」に大きく寄与する機関である。

二　二〇一八（平成三〇）年の動向――変革の年――

（1）文化庁所管へ

ここではまず博物館行政における所管省庁について解説しておく。戦後、博物館法の制定とともにスタートした博物館行政において、博物館を所管するのは文部省（二〇〇一年より文部科学省）と文化庁（一九六八（昭和四三）年発足、前身は文化財保護委員会、国立博物館と国立美術館を所管）の二者であったが、二〇一八年六月に文部科学省設置法の一部が改正され（同年一〇月施行）、これまで一部を文部科学省本省が所管していた博物館に関する事務全般を、文化庁が一括して所管することになった。これは博物館のさらなる振興と行政の効率化を意図したものである。長く文部省

（文部科学省）所管であった国立科学博物館も文化庁所管となる。

文化庁は文部科学省の外局である。外局とは省において特殊性・独立性を持つ任務を所管するために置かれる機関で、各省に直属するが内部部局（本省）の外にあって並立する立場の行政組織をいう。この文化庁における博物館事務の一元化は、文化庁の機能強化を図るものでもあった。同時に文化庁の組織改革も行われ、前年（二〇一七年）に設置された地域文化創生本部を中心に文化庁の京都移転が計画される（二〇一七年四月地域文化創生本部先行移転、二〇二三（令和五）年三月京都新庁舎へ移転し業務開始）。

こうして我が国の文化行政は文化庁を中核として総合的に推進されていくことになった。

（2）文化財保護法の改正

そして同じく二〇一八年六月には文化財保護法が改正されている（翌二〇一九年四月施行）。一九四九年一月の法隆寺金堂火災と金堂壁画の焼損をきっかけに一九五〇年に制定された文化財保護法は、「文化財の保存・活用」と「国民の文化的向上」を目的とした文財保護制度の総合立法である。以後、社会情勢の推移とともにたびたび改正され、文化財概念の広がりや保護制度の拡充が随時行われてきた。

二〇一八年の改正では、「過疎化・少子高齢化などを背景に、文化財の滅失や散逸等の防止が緊急の課題であり、未指定を含めた文化財をまちづくりに活かしつつ、地域社会総がかりで、その継承に取組んでいくことが必要」であり、「このため、地域における文化財の計画的な保存・活用の促進や、地方文化財保護行政の推進力の強化を図る」ことが趣旨とされた。[4] この改正により、文化財の保存・活用について地方行政に多くを委ねていこうとする姿勢が見て取れる。

またこれに先立ち、二〇一七年六月には文化芸術基本法（二〇〇一年制定、制定時は文化芸術振興基本法）も改正されている。こちらも所管は文化庁で、改正の趣旨は「文化芸術の固有の意義と価値を尊重しつつ、文化芸術そのものの振興にとどまらず、観光、まちづくり、国際交流、福祉、教育、産業その他の関連分野における施策を本法の範囲に取り込むとともに、文化芸術により生み出される様々な価値を文化芸術の継承、発展及び創造に活用しようとするもの」である。(5)

この二つの法令の改正における着目点は、「地域」「地方」「まちづくり」というワードである。ここから地域を主体として、文化による地方創生や、まちづくりに文化財を活用しようとする方向性をくみ取ることができる。

（3）観光立国と地方創生

こういった一連の流れの背景には、観光立国政策の推進と地方創生の取り組みがある。一九六三年制定の旧「観光基本法」の全部を改正し、二〇〇六年に制定された「観光立国推進基本法」により、観光が二一世紀における日本の重要な政策の柱として明確に位置付けられた。所管は二〇〇八年に国土交通省の外局として設けられた観光庁である。観光立国の実現に向け、地域社会の発展や、国内外からの観光旅行の促進、国際競争力の高い観光地と観光産業などが目指された。そのなかに、文化の観光資源化と「文化で稼ぐ」という考え方も含まれている。そしてそれは有形・無形の文化財と、それを所蔵・展示する博物館に直接かかわるものでもある。

そしてそれは二〇二〇年開催の東京オリンピック・パラリンピック競技大会にむけ、さらに大きな盛り上がりを見せた。先述の文化芸術基本法改正の背景の一つに「二〇二〇年に開催される東京オリンピック・パラリンピック競技大会は、スポーツの祭典であると同時に文化の祭典でもあり、我が国の文化芸術の価値を世界へ発信する大きな機会であるとともに、文化芸術による新たな価値の創出を広く示していく好機(6)」とあげられている。オリパラを契機に日本文化を世界に発信し、また、インバウンド（訪日外国人旅行）がもたらす経済効果を期待した「地方誘客」、「旅行消費拡大」の目論見があったとも言える。

二〇一六年三月には「明日の日本を支える観光ビジョン―世界が訪れたくなる日本へ―」として観光立国を目指す日本の政策の基本構想が策定された[7]。主眼は我が国の観光資源を国内外に伝えるとともに、観光産業によって地域の活性化を図るものであるが、それらについてかなり詳細な項目が列挙されている。「観光先進国への三つの視点と一〇の改革」では、まず「視点1　観光資源の魅力を極め、地方創生の礎に」として、「文化財を保存優先から観光客目線での理解促進、そして活用へ」と明確にうたっている。文化財を地方創生に資するための観光資源の一要素に位置付け、観光施策を実現化するうえで、「文化財を活用する」という方向性が定められた。

この延長上で二〇一八年の文化財保護法改正を考えれば、文化財保護法は成立当初より「保存」と「活用」をともに目的にあげつつも、その基本的理念として「保存」を第一義的に考える心構えから、ここで「活用」へ向けて大きく舵を切ったと理解できる。二〇一八年は文化財保護行政にとって、そして博物館にとって、また文化庁自体においても、大きな変革の年、転換点となった。

さらに二〇二〇年五月には文化観光推進法が成立する。これは博物館など文化観光拠点施設が文化資源の魅力を解説・紹介、情報発信し、文化の振興を観光の振興と地域の活性化につなげ、その経済効果をさらに文化の振興に再投資して好循環を創出しようとするものである。

三　展覧会の変容――コロナ禍に直面して――

(1) 休館・入場制限・利用制限

ところが、である。二〇二〇（令和二）年一月より問題化した新型コロナウイルス感染症の拡大により、状況は一変した。四月には緊急事態宣言の発出、七月開催予定の東京二〇二〇オリンピック・パラリンピック競技大会は一年延期となる。

先の「明日の日本を支える観光ビジョン」では、新たな目標値として二〇二〇年における訪日外国人旅行者数を四〇〇〇万人（二〇一五年の約二倍）、その消費額を八兆円（同二倍超）、日本人国内旅行消費額を二一兆円とした。しかし、外国人の入国制限、国内における移動制限、大規模イベントの中止などで、この数字は実に虚しいものとなった。

そして博物館は休館する。人々の行動自粛が求められ、非接触が喫緊の課題となるなか、「博物館の展示室を直接訪れる」機会がまず失われた。博物館の臨時休館に加え、学校も長期休校や分散登校、オンライン授業と、学習環境が大きく変化し、外出自体も減った。

次なる段階として博物館の開館を前提に、日本博物館協会は、同年五月「博物館における新型コロナウイルス感染拡大予防ガイドライン」を策定する。また館種別組織による独自のガイドラインとして、同じく五月に日本動物園水族館協会が「動物園・水族館における新型コロナウイルス感染対策ガイドライン（暫定版）」を策定している。ガイドラインは一つの目安であるが、それを拠り所として、施設の再開に向け歩みを進めて行ったのである。ガイドラインは感染状況と社会情勢の変化とともに改定されていき、博物館のガイドラインは二〇二二年九月に更新され、動物園・水族館のガイドラインは二〇二一年一一月に改訂第四版となっている。これらは今後も更新され続け、また博物館も新型コロナウイルスを想定した「新しい生活様式」に対応している。

しかしそこには、コロナ禍以前と大きく変わったものがある。

まず入場について、入館チケットの予約制を導入した館がある。チケットを入手できなければ入館できない。予約時間帯のチケット数には限りがあり、入館できる人数を制限したことになるので、混雑緩和、すなわちソーシャルディスタンスの確保につながる。ただし入館後の時間制限や入れ替えが行われない場合、そのまま入館者がたまっていけば、館内が混雑することにはなる。「博物館に行けばいつでも入れる」という状況ではなくなったが、一方で大規模な特別展の入館のための行列に数時間並ぶという事態も消滅した。

また密集・密接・密閉回避と非接触が望まれるにあたり、ハンズオン、触察展示や体験コーナー、展示解説やワークショップなどが休止になることも多かった。安全・安心のために、実際に資料に触れて学ぶ機会が大幅に制限されたのである。なかには、展示解説ボタンや液晶パネル操作を一時的に使用禁止にした館もある。館内で「しゃべらない」「触らない」状態は、もともと博物館展示においては一つの約束事である面もあったが、コロナ禍での感染対策では、それまでの見学マナーとはまた異なる緊張感と強制力をもって博物館活動に直接の影響と不自由さを与えた。講座や講演会なども軒並み中止となっている。

（2）インターネットを通じた展示公開

日本博物館協会はWebサイト「主な事業」のページで、「新型コロナウイルスと博物館」について情報発信している。(8)

「社会がどのような状況にあろうと、博物館には、人々が健全な日々を送るために果たせる大切な役割があります。今、博物館は、新型コロナウイルス感染拡大という世界的課題の中で、その役割を果たすためにさまざまな取組をしています。日博協は、博物館を支援し、その取組をご紹介します。」

そして「新型コロナウイルスに関する博物館の新たな取組」としてあげられているのが、「おうちで・学校で博物館」である。

「博物館に行けなくても、作品を鑑賞したり、展覧会を観たり、館長さんや学芸員の話を聞いたり、博物館を楽しむ仕掛けが満載です!!」

図１　「おうちミュージアム」共通ロゴマーク

その後に「博物館ごとの取組」として、東京国立博物館以下四〇館（二〇二二年一〇月一六日閲覧）の該当サイトが列挙されている。リンク先の内容は各館それぞれで、このために作成された専用ページに直接移動できるもの、博物館のトップページにアクセスするもの、公式FacebookやTwitter、YouTubeチャンネルが開くものなど、一様ではないが、こうしてインターネット上で博物館を「訪れて」利用することが可能となる機会を提供している。Ｗｅｂサイトが更新されれば内容も変わるし、なかにはリンク切れで閲覧不可のものもあるが、まずは「博物館に行けなくても」、自宅や学校から博物館を簡単に利用できる（「訪れる」）第一歩である。

さらに日本博物館協会の同ページでは「博物館関係のネットワークを利用した取組情報」として、北海道博物館の「おうちミュージアム」が紹介されている。「おうちミュージアム」は二〇二〇年三月に北海道博物館から全国の博物館に声をかけ始まったプログラムで、「おうちで楽しく学べる」をモットーに、子ども向けに開発されたコンテンツをオンラインで提供する取り組みである。多くの博物館が参加し、共通のロゴマークと名称のもとに情報発信できるプラットフォームを作り上げ、学校が休校になるなか、子どもたちが自宅で学べる機会をサポートした[9]（図1）。

これらはすなわち博物館の機能の一つである展示・教育活動をインターネットで提供しているのであり、それは現在も引き続き有効に機能している。

（3）バーチャルミュージアム

こういった流れのなかで、「バーチャルミュージアム（博物館）」「デジタルミュージアム（博物館）」という語にも頻繁に出会う。「インターネット博物館」「電脳博物館」といった表現も見られる。

ただ、現実には「バーチャルミュージアム」の形態はさまざまで、インターネット上で公開される展示室であったり、デジタル化されたコンテンツがそれぞれのかたちで提供されていたり、その意図するところは千差万別である。筆者としては、パソコンを操作し、画面上で展示室に入り込み、自分の意志で動き、進行方向を変え、展示資料に近づき、資料を見ながら解説を読む、といった形態、すなわち実際に展示室を訪れた状態の代替行為となる体験が、もっとも「バーチャルミュージアム」たるものと考える。

このような技術自体は実はすでに身近なものではあった。しかしコロナ禍をきっかけに、あらためてその効用が注目されることになったようにも思う。

また、アバターコミュニケーションを展示室訪問に応用することも可能であろう。離れた場所からアバター（分身）ロボットを操作して実際の展示室内を動き回り、画面越しに展示資料を見ながらその場にいる人間と会話も可能なシステムである。パソコンの遠隔操作によるバーチャル世界の可能性はどんどん広がっている。

バーチャルミュージアムの利点として、インターネットにつながった端末さえあれば世界中のどこからでも、自分に都合のよい安心な環境でアクセス可能であることがあげられる。それまでの実際に展示室に足を運んでその時間と空間を特別なものとした「今だけ、ここだけ、あなただけ」から、「いつでも、どこでも、誰でも、何度でも、そしてあなただけの特等席で」展示を享受できる機会が提供されているのだ。

四　デジタル技術の発達――情報提供の多様化――

（1）先端技術による文化財活用

文化庁地域文化創生本部は二〇一九（平成三一）年三月に『観光客は外国人！　文化財の多言語化ハンドブック』を作成・発行、全国の自治体担当者や文化財所有者に向けて、文化財の多言語化の普及啓発を行った。(10) ここでは文化財観光の現状と外国人の視点に触れ、訪日外国人旅行者に日本の文化財を正しく理解してもらい、文化を尊重し文化財を守り伝えることにもつなげていこうとするものである。

翌二〇二〇年四月には『ＩＴ活用　新しい文化体験で地域活性　先端技術による文化財活用ハンドブック』を作成・発行した。(11) 同じく自治体担

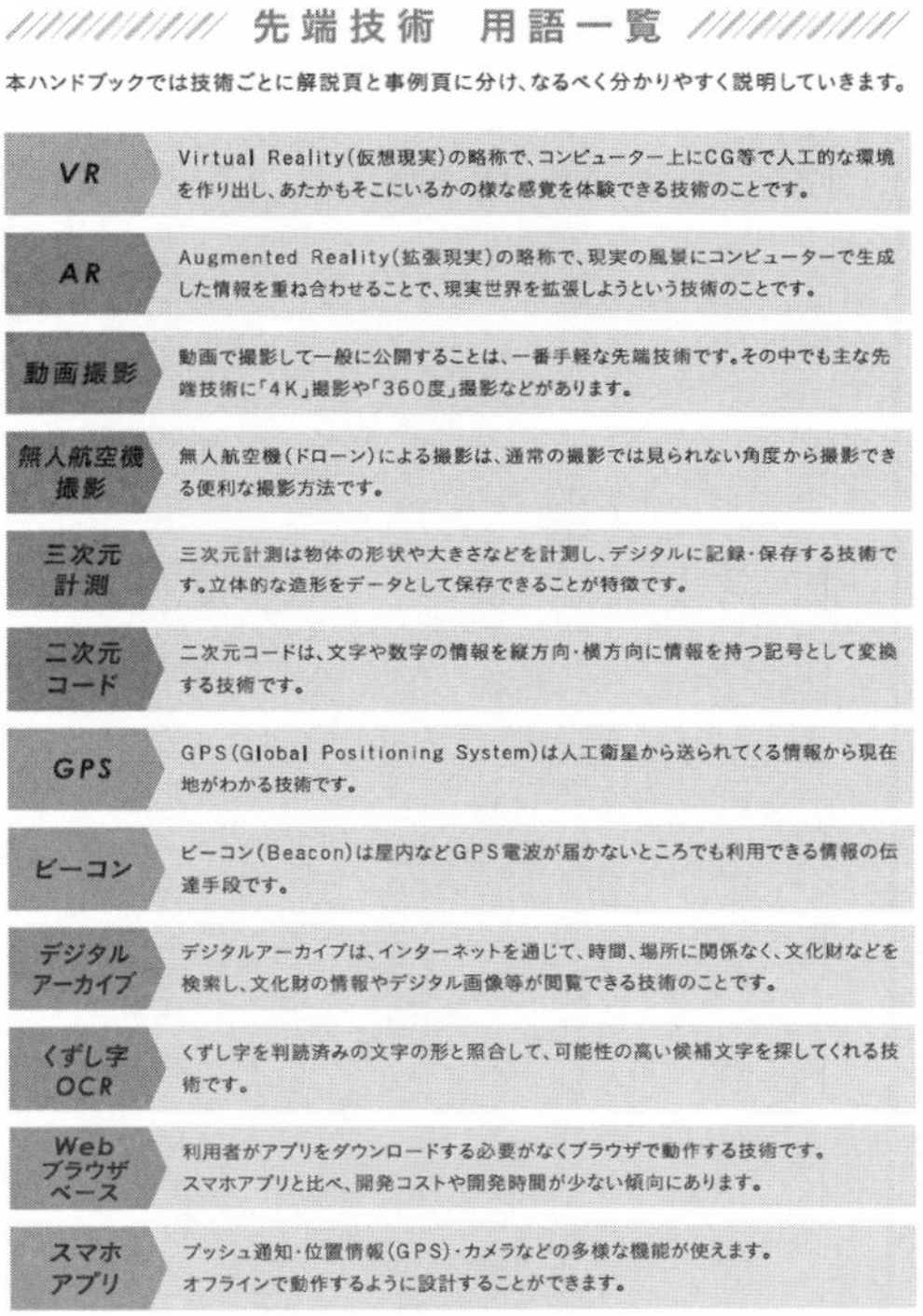
先端技術　用語一覧

本ハンドブックでは技術ごとに解説頁と事例頁に分け、なるべく分かりやすく説明していきます。

VR	Virtual Reality（仮想現実）の略称で、コンピューター上にCG等で人工的な環境を作り出し、あたかもそこにいるかの様な感覚を体験できる技術のことです。
AR	Augmented Reality（拡張現実）の略称で、現実の風景にコンピューターで生成した情報を重ね合わせることで、現実世界を拡張しようという技術のことです。
動画撮影	動画で撮影して一般に公開することは、一番手軽な先端技術です。その中でも主な先端技術に「4K」撮影や「360度」撮影などがあります。
無人航空機撮影	無人航空機（ドローン）による撮影は、通常の撮影では見られない角度から撮影できる便利な撮影方法です。
三次元計測	三次元計測は物体の形状や大きさなどを計測し、デジタルに記録・保存する技術です。立体的な造形をデータとして保存できることが特徴です。
二次元コード	二次元コードは、文字や数字の情報を縦方向・横方向に情報を持つ記号として変換する技術です。
GPS	GPS（Global Positioning System）は人工衛星から送られてくる情報から現在地がわかる技術です。
ビーコン	ビーコン（Beacon）は屋内などGPS電波が届かないところでも利用できる情報の伝達手段です。
デジタルアーカイブ	デジタルアーカイブは、インターネットを通じて、時間、場所に関係なく、文化財などを検索し、文化財の情報やデジタル画像等が閲覧できる技術のことです。
くずし字OCR	くずし字を判読済みの文字の形と照合して、可能性の高い候補文字を探してくれる技術です。
Webブラウザベース	利用者がアプリをダウンロードする必要がなくブラウザで動作する技術です。スマホアプリと比べ、開発コストや開発時間が少ない傾向にあります。
スマホアプリ	プッシュ通知・位置情報（GPS）・カメラなどの多様な機能が使えます。オフラインで動作するように設計することができます。

図２「先端技術　用語一覧」
（『IT 活用　新しい文化体験で地域活性　先端技術による文化財活用ハンドブック』（本編版）より引用）

当者や文化財所有者に対し、文化財に先端技術を導入する際の注意事項や効果、各地の事例などを紹介し、あわせて先端技術について解説し、基礎的理解をうながす内容となっている。これらはコロナ禍以前の観光立国政策とインバウンド消費を見据えた流れのなかにあったものであるが、この時点ですでに先端技術が政策に取り込まれ、運用されていたのである。

ここでは具体的にどのようなものが紹介されているのだろうか？

『ＩＴ活用　新しい文化体験で地域活性　先端技術による文化財活用ハンドブック』は、本編版（全六三頁）とダイジェスト版（全一〇頁）の二種類あるが、本編版の第五頁では、「先端技術　用語一覧」として、ＶＲ、ＡＲ、動画撮影、無人航空機撮影、三次元計測、二次元コード、ＧＰＳ、ビーコン、デジタルアーカイブ、くずし字ＯＣＲ、Ｗｅｂブラウザベース、スマホアプリについて解説されている（図2）。こうしてみると、先端技術と言っても多種多様で、身近なものから初めて聞くもの、様子や使い方がよくわからないものまでいろいろあるうえに、おそらくはさらに新しい技術が開発され、運用されていくことが予想できる。

（2）コンテンツの開発

コロナ禍よりずっと以前からすでに博物館のデジタル化は進行していたし、Ｗｅｂサイトによる情報発信の一手段として、インターネットを通じた展示・教育活動も行われてはいた。ＳＮＳを通じてリアルタイム発信や学芸員のつぶやきなども届けることはできていた。しかし学校や博物館が閉鎖され、現地に足を運び展示見学や実物資料を介し学芸員が対面で行う教育活動が停止されて、あらためてその代替手段や学習コンテンツの開発、見直しがなされた。そこには学芸員の創意工夫と試行錯誤、そして情報交換による経験の共有があった。

展示・作品・資料情報の公開、体験教室、自然観察や史跡見学会など、さまざまな内容をYouTube番組配信、オンデマンド動画配信、Zoom等によるライブ配信といった複数の手段で提供した。Web企画展やバーチャルミュージアム、FacebookやTwitterなどSNSを通じた情報提供もますますさかんになった。

なかでもZoom等によるライブ配信は、博物館の現場と端末前の「こちら側」とを双方向でつなぎ、リアルタイムでコミュケーションが取れ、自宅や学校にいながらにして、博物館を訪れ、展示室内に入り、展示資料を見て、学芸員の解説を聞け、そして質問をして、回答を聞くことができるという、臨場感を感じることさえできる。それはさらに、通常では直接博物館を訪れることが難しい子どもたち（例えば院内学級など）も容易に「博物館を訪れる」ことを可能にしたのであり、ここにあらためて、博物館のデジタル化における大きな成果を見ることができよう。

このように博物館自体のデジタル化が進行することはさまざまな可能性が広がり良い方向ではあるものの、現実には、現場での苦労は少なくない。

まず必要な機材がないことには始まらない。そしてその機材やシステムについて知識と技術を持ち、使いこなせ、さらに発信できる力量のある人材が必要である。博物館のスタッフの人数は館によってそれぞれであろうが、現場でそれができる人間がいるかどうか。いるとしても、その人間にかかる仕事量や負荷が大きすぎはしないか。時間的な制約とともに、予算の制約もある。機材を揃えるには費用がかかるし、人件費も無視することはできない。現場の限られた人数のなかで、どこまで、そしていつまで同じ質量、もしくはバージョンアップしていく内容を支え切れるか。そしてこれもよく言われていることであるが、個人の情熱や献身によって保たれてきたレベルのものが、担当者の異動や退職で急に尻すぼみになることはないか。

そしてコンテンツを作成し提供していくこと自体を常に情報発信していく、すなわち広報・宣伝し、知って利用してもらうことまでを考慮するなら、単にコンテンツを開発して終わりではなく、博物館事業全体のなかでそれを理解し位置づけ、その活動に組み込まなければならない。

館の規模やこれまでの経験・蓄積の違いにより、一概には言えず、じゅうぶん成果をあげている事例も多くあるが、一方で文字通り試行錯誤の最中である館や、また何も対応できていない館もまだまだ多いのが現実である。また、ライブ配信などでしばしば目にすることであるが、その場での予想外の事故や不具合により回線不安定や突如配信不能に陥ることも、いまだ解決しきれない難点ではある。

さらに、子ども向けの学習プログラムを用意したとしても、その子どもが果たして自立して受け取れているかどうか、つまり子どもがそれを利用できる環境にあるのか、ネットにつながった端末の前にいることができているのか、その操作を問題なく行えているのか。希望するすべての人が享受できているとは限らないことは想像にかたくない。

こうした課題を内包しつつ、この方向への流れはおそらくとどまることなく、むしろ加速して進んでいくものと思われる。国が打ち出したSociety 5.0は、狩猟社会（Society 1.0）、農耕社会（Society 2.0）、工業社会（Society 3.0）、情報社会（Society 4.0）に続く社会で、「サイバー空間（仮想空間）とフィジカル空間（現実空間）を高度に融合させたシステムにより、経済発展と社会的課題の解決を両立する人間中心の社会」と定義される。もはやデジタル化の進展により形成された情報化社会の次段階であり、Society 5.0実現のためには、「仮想空間と現実空間の融合」のための基盤技術となるスーパーコンピュータ、ＡＩ、量子技術などの研究開発とともに、社会全体のデジタル化の推進が必要となるとされている。(12)

またSociety 5.0の先行的な実現の場として取り組みが進むスマートシティについても、まちづくり、市民生活、都市活動の観点から博物館と決して無関係ではなく、こういった社会の動向からも博物館活動を考えていくことが望まれよう。

さらに文部科学省によるＧＩＧＡスクール構想は、「令和時代のスタンダードとしての一人一台端末環境」をうたい、二〇一九年一二月に令和元年度補正予算案において児童生徒向けの一人一台端末と、高速大容量の通信ネットワークを一体的に整備するための経費が盛り込まれたが、[13]これは翌年の新型コロナウイルスのパンデミックによって、オンライン授業への対応など喫緊の課題となった。まず本当に端末を一人一台所有できているのか、そしてそれを学校で正しく指導できているのか、また家庭でどのように対応できているのかなど、そもそも博物館の配信プログラムを享受できるかどうか以前に、このような基本的な環境整備がどうなっているのか確認する必要がある。

博物館のデジタル化を考える際、社会の、そして地域の状況もともに注視していかなければならないことは言うまでもない。

（3）データ保存の課題

これもすでに多方面で言われていることであるが、デジタル化されたデータの保存についても、いまだ大きな問題がある。デジタル化されたデータ、開発されたコンテンツは、蓄積され、その量は増加の一途をたどる。博物館資料として、また博物館活動の記録として、これらのデータは長期保存が前提であり、継承され次代に引き継ぐべきものである。しかし長期間のデータ保存については、現在も確定的に安全が保証された記録媒体は存在しない。記録媒体の寿命については研究・開発が進み、メーカー側が理論上は一〇〇〇年保存できると紹介するものもあるが、寿命が五〇年とされているものですら、その製品が実際に五〇年経った時点のものを実際に確認したことがないのが現実である。

またデジタルデータの長期保存については記憶媒体と再生機器をセットで考えるべきで、記録媒体を適切に保管してもその内容を読み出す機器がなければ、たとえデータを保存し続けることができたとしても実質的には稼働不可能である。したがって記録媒体による保存と同時に、常にバックアップを確実に行っていかなければならない。また定期的なデータ移行（マイグレーション）を行い、古い媒体や再生機器がまだ存在する間に新しい媒体に変換して、慎重に次の世代に引き継ぐ姿勢が望まれる。

クラウド上のデータ保存・共有、共通プラットフォームの作成など、他にもさまざまな手段はあるが、いずれにせよ、「データ消失」に対する危機感は、「データの蓄積・継承」と表裏一体で意識し続けなければならない課題である。

ただしもう一点、データ保存に関して言及すべき点がある。それは、デジタル化されたデータが実物資料そのものの保存に関する強力なバックアップ機能を持ちうることである。実物資料は決して失われてはならないものであるとの前提で博物館の資料保存について論じてはきたが、実際には失われる可能性はある。そしてそれは「実物」（モノ）に限らず、有形・無形を問わない。これまでも二次的な資料として蓄積された記録や情報が、オリジナルの資料を説明・補完してきたように、デジタルデータもオリジナル資料の情報を伝える有効な記録である。万が一オリジナル資料が失われるような場合には、その復元に利活用可能な有益な一手段ともなることを評価するべきで、さらに一歩進んで、現状で失われつつあるものをデジタルで保管するという考え方もある。その観点からもデータ保存の意義と可能性について考えを巡らせなければならないだろう[14]。

五　デジタルアーカイブの活用——新たな価値の創造——

（1）知識や情報の共有

Society 5.0構想のなかでしばしば言及されるIoT（Internet of Things）は、インターネットを介し「全ての人とモノがつながり、様々な知識や情報が共有され、今までにない新たな価値を生み出す」ものであり、それによりこれまでの課題や困難を克服するものとされている[15]。ここでは「データ」と「情報」と「知識」がキーワードとなる。モノや事象を記述した「データ」を収集・蓄積し、それを目的や方向性に従って選別・加工し、意味付けしたものが「情報」、そして情報を分析・洞察し理解されたものが「知識」である。「データ」や「情報」をつなぎ、活用することで新たな「知識」が産み出されるのであり、こうして知識を集約させ、組み合わせて新たな価値を創造する社会を、「知識集約型社会」とする。(16)

それに直接的に寄与するシステムの一つがデジタルアーカイブである。

二〇二二（令和四）年に改正された博物館法では、博物館の事業について定めた第三条に、デジタルデータの作成や公開を加えた。

「第三条 博物館は、前条第一項に規定する目的を達成するため、おおむね次に掲げる事業を行う。

一・二（略）

三 博物館資料に係る電磁的記録を作成し、公開すること。

（以下略）」

この第三条は、博物館が、第二条で見た博物館の目的を達成するために行うべき事業を例示しており、その「三 博物館資料に係る電磁的記録を作成し、公開すること」の部分が新設である。「電磁的記録」とは法律用語で、電子データ・デジタルデータを指し、ここの部分がすなわちデジタルデータの作成・公開、博物館資料のデジタルアーカイブ化を博物館事業の一つとして新たに追加した箇所である。

それでは、デジタルアーカイブとは具体的にどのようなもので、どのように知識集約型社会のなかで役に立つというのだろうか。そしてそれに博物館はどのように貢献できるのだろうか。

そもそも「デジタル」の「アーカイブ」とはどういうことなのか。

りやすくなるだろう。

（２）デジタルアーカイブとは

「デジタル」の「アーカイブ」をもう少し丁寧に、「デジタルデータ」を「アーカイブ化」すると言うと、よりわかりやすくなるだろう。

「アーカイブ」の語源は古代ギリシャの上級政務執行官（アルコン）の住居（アルケイオン）であり、そこに政治・行政上の記録文書を収集・保管・活用して統治を行ったことに由来する。それが「記録を保存する建物」として、議事録や報告書、記録書類など公式文書を保存する場所・機能を持った文書館を意味するようになり、現在では図書館や博物館、自治体、企業の資料を保存・活用することも広くアーカイブととらえられるようになってきた。[17]

デジタルアーカイブの構想は一九九〇年代半ばに始まり、総務省による「デジタルアーカイブの構築・連携のためのガイドライン」（二〇一二（平成二四）年）において「デジタルアーカイブとは」、

「その概念は、「有形・無形の文化資産をデジタル情報の形で記録し、その情報をデータベース化して保管し、随時閲覧・鑑賞、情報ネットワークを利用して情報発信」というデジタルアーカイブ構想としてまとめられました。ここでは、図書・出版物、公文書、美術品・博物品・歴史資料等公共的な知的資産をデジタル化し、インターネット上で電子情報として共有・利用できる仕組みをデジタルアーカイブと呼びます。」

と定義した。そしてデジタルアーカイブの基本的なメリットを、「誰でも、いつでも、どこからでも、有用な知的資産にアクセスできること」としている。[18]

それをわかりやすく整理すると、デジタルアーカイブとは、次の三点を兼ね備えたものであると言える。[19]

①文化資産をデジタルの形で記録する。
②記録した情報をデータベース化して保管する。
③利用者はインターネット等を介し検索して活用する。

さらに、デジタルアーカイブの連携に関する関係省庁等連絡会・実務者協議会による「デジタルアーカイブの構築・共有・活用ガイドライン」（二〇一七年）では、

「本ガイドラインにおける「デジタルアーカイブ」は、様々なデジタル情報資源を収集・保存・提供する仕組みの総体を指す。そこで扱うデジタル情報資源は、資料・作品のデジタル化データやボーンデジタルの写真・動画等の「デジタルコンテンツ」はもちろん、アナログ媒体の資料・作品等も「コンテンツ」に含まれるものとした上で、「コンテンツ」に係る情報を記述した「メタデータ」、コンテンツの縮小版や部分表示である「サムネイル／プレビュー」など、関連するデジタルデータすべてを対象とする。」

とした。[20] デジタルアーカイブの概念が広がり、多様な形態のデータを統合的に保存管理するとともに、各データに関係性を持たせて提供することによって、複数のデータベースを対象に同一のキーワードで一括して検索する「横断検索」が可能となる。

同時期の「我が国におけるデジタルアーカイブ推進の方向性」（二〇一七年）では、この報告書の背景として、

「様々なコンテンツをデジタルアーカイブ化していくことは、文化の保存・継承・発展の基盤になるという側面のみならず、保存されたコンテンツの二次的な利用や国内外に発信する基盤となる重要な取組であり、欧米諸国を中心に積極的に推進されている。デジタル時代における「知るため・遺すため」の基盤として、場所や時間を超えて書籍や文化財など様々な情報・コンテンツにアクセスすることを可能とする他、分野横断で関連情報の連携・共有を容易にし、新たな活用の創出を可能とするものである。」

と説き、デジタルアーカイブが「文化の保存・継承・発展の基盤になる」ことと、「新たな活用の創出を可能にする」ものであることについて言及して、今後の課題と推進の方向性を定めた[21]。

さて、ここで重要なのはメタデータの質である。メタデータとは「メタ情報」ともいい、あるデータが持つそのデータ自身についての情報、すなわち「データに関するデータ」である。そのデータを表す属性や関連する情報、コンテンツの内容や所在など基礎的なデータを記述し、目録情報とも称される。このメタデータが正確でなければならないことは言うまでもない。人々が利活用するにあたっては、当然のことではあるがデータの内容が問われ、正確で利用価値のあるデータかどうかがその基盤にある。したがって、メタデータのフォーマットを標準化し、用語を統制し、メタデータ要素を整理することによって、はじめて円滑に稼働し利用者にとって有用なサービスとなりうるのである。

また高精細画像もそれだけを見るならば確かに美しく感動するものであろうが、インターネット上で提供して利用者が実際に操作するとなれば、それに即した画像データの適切な加工・調整が必要となる。汎用的に使えなければその意義も減少するだろう。

いずれにせよ、コロナ禍以前から進展しつつあったデジタルアーカイブが、現在の社会においてより一層大きな可能性と有用性を擁して各所で取り組まれている。

なお、分野横断型統合プラットフォームはすでに欧米が先行していた。ここではヨーロッパのEuropeana（ヨーロピアナ）とアメリカのGoogle arts & Culture（グーグルアーツ&カルチャー）のデジタルプラットフォームを紹介しよう。

【Europeana（ヨーロピアナ）】
https://www.europeana.eu/en

ＥＵ加盟国を中心にヨーロッパ各地の図書館・博物館・美術館・フィルムライブラリー・大学・研究機関等が所蔵する書籍・絵画・写真・映画ほか、文化遺産を検索・閲覧できる。

【Google Arts & Culture（グーグルアーツ&カルチャー）】
https://artsandculture.google.com/

Googleが世界中の美術館・博物館・ギャラリー・文化施設・アーカイブ等と連携し、コレクションや館内、建築物等の文化遺産をインターネット上で公開・閲覧することができる。

日本では、Japan Search（ジャパンサーチ）が二〇二〇年八月二五日に正式版を公開した。二〇一九年二月に試験版を公開し、改善を重ねて正式版公開に至ったものである。

【Japan Search（ジャパンサーチ）】

https://jpsearch.go.jp/

ジャパンサーチは、書籍・公文書・文化財・美術・人文学・自然史/理工学・学術資産・放送番組・映画など、我が国が保有するさまざまな分野のコンテンツのメタデータを検索・閲覧・活用できるプラットフォームで、デジタルアーカイブジャパン推進委員会・実務者検討委員会の方針のもと、さまざまな機関の協力により、国立国会図書館がシステムを運用している。[22]「現在のデータ」頁によれば、連携データベース数一九六、連携機関数一一〇、メタデータ件数二六三五五八〇三である（二〇二三年一二月二〇日閲覧）。

「ジャパンサーチ戦略方針二〇二一―二〇二五「デジタルアーカイブを日常にする」[23]」（二〇二一年）では、「デジタルアーカイブが日常に溶け込んだ豊かな創造的社会」の実現を目指し、「デジタルアーカイブの大切な役割」として「三つの価値」をあげる。

①記録・記憶の継承と再構築
②コミュニティを支える共通知識基盤
③新たな社会ネットワークの形成

そして、この三つの価値を最大化するため、「ジャパンサーチを使った活動の柱」として、「支える」「伝える」「拡げる」「挑む」の「四つのアクション」に取り組むこととした。

このように、デジタルアーカイブはSociety 5.0という新局面を迎えた社会のなかで、市民が新たな価値を産み出す基盤となり、その産み出されたものを蓄積・継承し、さらに新たな価値を再生産していくシステムとして機能するのである。

また、二〇二〇年八月一日には世界各地の日本文化に関する情報を検索・利用活用できるプラットフォームであるCultural Japan（カルチュラルジャパン）も開設されている。

【Cultural Japan（カルチュラルジャパン）】

https://cultural.jp/

（3）博物館のWebサイトにおける取り組み

各博物館でもWebサイトでさまざまなデジタルアーカイブに取り組んでいる。ここでは例として東京国立博物館と国立科学博物館をあげる。また文化遺産データベースと博物館の観点から文化遺産オンラインにも言及する。

【国立東京博物館】

https://www.tnm.jp/

Webサイトのトップページに「コレクション」のリンクボタンがある。ここをクリックすると、「コレクション一覧」という項目と、さらに「名品ギャラリー」「ColBase」「e国宝」「画像検索」「デジタルライブラリー」「研究データベース」の六項目が現れる（二〇二二年一〇月一六閲覧）。

・「名品ギャラリー」

館蔵品の中から優品約六〇〇件のデータを閲覧でき、分野・時代・世紀、作品・文化財の名称や作者名などからも検索が可能である。

・「ColBase」
国立文化財機構所蔵品統合検索システムで、国立文化財機構の四つの国立博物館（東京国立博物館、京都国立博物館、奈良国立博物館、九州国立博物館）と一つの研究所（奈良文化財研究所）の所蔵品を、横断的に検索できるサービスである。ただしこのシステムに収録されているデータは各施設の所蔵品のみ対象となる（寄託品は含まれない）。

・「e国宝」
国立文化財機構の上記五施設が所蔵する国宝・重要文化財の高精細画像を、多言語（日本語、英語、中国語、韓国語）による解説とともに閲覧することができる。

・「画像検索」
東京国立博物館が所蔵する館蔵品等の写真資料をデジタル化して公開・提供するもの。

・「デジタルライブラリー」
東京国立博物館が所蔵するさまざまな和書、洋書、漢籍等について、全文の画像を公開しており、キーワード、タイトル、著者名、種別（和書、洋書、漢籍）を指定して検索できる。

・「研究データベース」

東京国立博物館が提供しているデータベースを一括して掲載しており、テーマごとにデータを検索できる。

なお「コレクション一覧」の項目では、そこをクリックすると上記六件について簡単なガイダンスが提示されているが、その最後に「Google Arts & Culture」という項目が付け加えられている。そこでは「Google Arts & Culture で、国宝「観楓図屏風」や国宝「普賢菩薩像」といった東京国立博物館を代表する所蔵作品の高解像度画像と、本館、法隆寺宝物館建物内のストリートビューを公開しています」と記され、さらに「Google Arts & Culture について」というリンクを開くと、「Google Arts & Culture は、Google がインターネットを通じて提供しているＷｅｂサービスです。世界中の美術作品の高解像度画像の閲覧や、博物館・美術館内をストリートビューでお楽しみいただけます。当館所蔵作品の高解像度画像や、建物内をストリートビューでご覧いただけます（二〇二二年四月現在）」と記載されていた。前項で紹介した Google Arts & Culture で、国内の博物館がその公開プラットフォームを利用して情報発信する一例である。

【文化遺産オンライン】

https://bunka.nii.ac.jp/

文化庁が運営する我が国の文化遺産についてのポータルサイト。全国の博物館・美術館等から提供された作品や国宝・重要文化財など、さまざまな情報を閲覧できる。参加館数一〇四五館、公開作品件数二七三九四八件（二〇二二年一二月二〇日閲覧）。トップページのリンクボタンは「作品一覧」「カテゴリで見る」「世界遺産と無形文化遺産」「全国の美術館・博物館」の四つで、「カテゴリで見る」ではさらに「文化財体系から見る」「時代から見る」「分野から見る」「地域から見る」の四項目から検索を進められる。「全国の美術館・博物館」から各博物館を検索でき、情報を入手できるとともに、それぞれのＷｅｂサイトにもリンクして直接そちらを「訪問」することも可能である。

【国立科学博物館】

https://www.kahaku.go.jp/

トップページの「研究と標本・資料」から、「標本・資料データベース」を選択する。そこには「標本・資料統合データベース」「サイエンスミュージアムネット」「電子展示」と、「標本・資料データベース」として多岐にわたるデータベースが掲載されている（二〇二二年一〇月一六閲覧）。

・「標本・資料統合データベース」
国立科学博物館が所有する標本・資料の所在情報等を一元的に検索できる統合データベース。

・「サイエンスミュージアムネット」
全国の科学系博物館の情報や、自然史系の標本に関する情報を検索できるポータルサイト。

・「電子展示」
各種画像を用い、テーマに沿って解説を加えたデジタル上の展示。

・「標本・資料データベース」
標本資料センターの「タイプ標本データベース」のほか、動物、植物、地学・古生物、人類、理工、附属自然教育園、産業技術史資料情報センター、図書に関するさまざまなデータベースが提供されている。

ここにあげた東京国立博物館や国立科学博物館は、前述のジャパンサーチの連携機関として掲載されており、文化遺産オンラインや国立科学博物館の標本・資料データベースのいくつかも、やはりジャパンサーチの連携データベースとして記載され、それぞれそこから直接「訪問」できるようになっている。こうしてみると、いまや各サイトはあちこち相互につながり、入り口は一つではなく、多方向からアクセス可能となっている。

しかしこれらのデジタルアーカイブを実際に利用すると、おそらく直面するのが、「実際に使えるかどうか」という基本的な問題である。

すでに「情報リテラシー」が問われて久しく、さまざまな情報源から必要な情報にアクセスし、それを正しく評価し活用する能力が求められているが、データベースに向き合うとき、まず「適切に検索して、自分の求めるコンテンツにたどりつけるか」がシンプルだが意外と難しいのである。検索には的確なキーワードや正式名称の入力が求められる場合があり、検索にもスキルが問われる。自分自身の知識が問われることもある。はじめてアクセスしたデータベースに、使い勝手がわからずまず戸惑うことはよくある。試行錯誤し、使いながら慣れることも必要だ。したがって時間もかかる。

さらにそのコンテンツに対し、正確性を自ら判断できるかどうかも重要な課題である。実は、デジタルアーカイブ内の一言一句がすべて正しいとは限らない。当然、誤りもある。それをそのまま信じてしまってよいかどうか、そこには自ずと深刻な問題が内包されている。

東京国立博物館の「ColBase について」の解説部分では、「データの内容には不十分な点や、一部に不備・誤りがある場合があります。継続的に訂正を行なってまいりますが、正確性等について保証するものではありませんのでご了承下さい」とただし書きがある。これはもっともなことで、肝要なのは「訂正を行っていく」という部分である。ここには利用されることによってフィードバックという形で改善される可能性も含まれていよう。つまり提供するだけではなく、利用してもらってこそ、デジタルアーカイブの意義と価値が高まると考えられるのだ。

一方、利用者にとっては、提供されていてもその存在を知らなければ、使わないまま。さらにその使い方を知らなければ、使えないままである。実は利用されるかどうか、使えるかどうかは、利用者に委ねられている側面もあるということだ。

そのうえで利用者は利用にあたって、これも情報リテラシーの一部であるが、利用規約をよく読み遵守することが必要となる。具体的には著作権等の権利処理や画像等の無償・有償利用について、それぞれのサイトの注意書きに必ず意を払い指示や条件に従うことである。例として、東京国立博物館の「デジタルコンテンツの利用について」がある(24)。「画像貸出利用について」「デジタルコンテンツ無償利用について」など参考になるだろう。

デジタルアーカイブ利用時の課題も見えてはきたが、それでもその有用性を知り、それぞれの日常に組み込み役立てていくことが現在の私たちに必須とされていることである。

六　デジタル化の功罪――さらなる課題――

(1) 実物を見ることの意義

博物館資料にとって、展示と保存は相反する行為である。文化財保護法においても、文化財の保存と活用は成立当初から二つの柱であったが、そこには公開することによって損なわれるリスクが常に内包されている。社会教育施設としての博物館においては、展示・公開を通じ研究成果を市民に還元するという意味でも、実物資料の展示は社会的使命である。実際、多くの人々にとって博物館を訪れる第一の目的は「展示を見る」、すなわち「実物資料を自分の目で見る」ことであろう。人々の「実物資料を見たい」という期待に応える博物館の存在意義もそこにある。

しかし、コロナ禍に非接触が望まれ、デジタル化されたデータを活用し人々が端末に向かって博物館の展示室を訪れることができることがよくわかった結果、「博物館に行かなくても、デジタルで良いのではないか？」という意見が出てくる可能性もある。

第三節でバーチャルミュージアムの利点としてあげたように、いつでもどこでも誰でも、インターネットにつながった端末さえあれば、博物館の展示室を訪れることができる。それは日本国内に限らず、海外の博物館も同様である。移動の苦労がない。交通費がかからない。しかも、現実には見られないものが見られる。入れないところに入れる。展示ケースのガラスを突き抜けて近づくことができる。裏側まで見られる。高精細画像はどこまで拡大しても非常にクリアでクオリティが高い。肉眼よりもよほど詳細に見ることができる。

一方で博物館資料にとっても、デジタル上の展示室で紹介してもらっていれば、現実の展示空間における環境上のストレスを避けることができる。展示室は危険でいっぱいである。温湿度の変化、紫外線、塵埃、空気汚染、地震や火災などの災害の発生、そして人によって加えられる危害など、資料が展示されるということはそういった数々の危険要因にさらされることである。丁重に収蔵庫で保管されていればそれらの危険にさらされることなく、保存環境の整った空間で劣化の速度も度合いも少ない。貴重な資料はバーチャルミュージアムでじゅうぶん楽しめるし、資料を大切に保存して次世代に伝えるためにも役立つし、もう博物館には行かなくてもいいのではないだろうか？

そう言い切ってしまっては、展示を社会的使命とする博物館の存在意義にもかかわる。展示室におけるリスクを認めたうえでなお、リスクに対する最大限の配慮をして、貴重な実物資料を展示するのはなぜか？　実物を見ることの意義は何だろうか？

そこにはやはり人々の「見たい気持ち」があるのだと筆者は考える。博物館はそれに応えようと思う。そして学芸員にも「見せたい気持ち」がある。学芸員には展示を通じて伝えたいメッセージがあるのである。

二〇二二（令和四）年の博物館法改正に先立ち、二〇二一年一二月に文化審議会答申「博物館法制度の今後の在り方について」がまとめられ文化庁長官に手渡された。そのうちの「新型コロナウイルス感染症の影響と顕在化した課題」のなかで、「実物（もの）に触れる感動」について言及した部分がある。[25]

「このような状況は、私たち人類にとって、実物（もの）に触れる感動と、実物（もの）を仲介として他者（ひと）と対話し、文化芸術や自然科学についての気付きや発見を共有することがいかに重要なことであるかを確認する機会ともなった。人びとが日常生活の中でこのような体験を得ることのできる身近な場としての地域の博物館の重要性が改めて認識されたといえる。」

コロナ禍における非接触の推奨とデジタル化の進展のなかで、それだからこそ実物に触れ他者とコミュニケーションをとることができる空間としての博物館の意義をあらためて認識できたとも言えよう。

実物を見るために展示室に直接足を運ぶことと、その代替としてのデジタルでの鑑賞と、どちらかを選ばなければならない二者択一のものでは決してなく、どちらかを否定するものでもなく、それらは両立、共存、併用できるものである。

人々はしばしば「博物館で本物を見た」ことに感動を覚える。それは、教科書やテレビ、新聞、書物や雑誌などで

「見たことのある」「知っている」「有名な」アレの「本物を自分の目で見た」という満足感であろう。そこにはおそらくインターネットやデジタル化されたもので知ったものも含まれている。

バーチャルミュージアムで知った資料を、自分の目で見たいと思う。バーチャルミュージアムをきっかけに、実際にその博物館に訪れてみようと思う。インターネットのおかげで博物館の存在そのものが認識されることもあるだろう。それまで知らなかった博物館を知り、そして資料と出会う。つまり「資料との出会い」が、展示室で、と、ネット上で、の二つになったと考えることができる。

（2）利用形態の多様化と選択肢の増加

オンラインの併用によって、博物館の展示鑑賞の多様化、すなわち博物館の利用形態の多様化が進んだ。そしてそれは利用者にとっては選択肢が増えたということである。

本章の「はじめに」では「来館者」という語を使用したが、ここではあえて「利用者」と記した。「来館者」「見学者」「訪問者」と聞けば、博物館に実際に足を運ぶイメージがあるかもしれない。しかしＷｅｂサイトを「訪れる」とも言うし、バーチャルミュージアムに対し「来館する」と言っても差し支えないであろう。アバターによって展示空間に入り込み、そこでコミュニケーションを取るなど、これはまさに「訪問者」であり「来館者」である。

前述の文化審議会答申では、「新型コロナウイルス感染症の影響と顕在化した課題」を列挙していくなかで、デジタル化については次のように言及している。

「このような中、特に、デジタル技術を活用したコレクションのデジタル・アーカイブ化と、インターネットを通じた教育・コミュニケーション活動は、ミュージアムの社会的役割を全うするためにも必要かつ有効であるということが改めて認識された。」

「このため、一部の博物館では、デジタル技術等を活用した新しい鑑賞・体験モデルの構築や、館を実際には訪れない人々までを含んだ交流・魅力の発信など多様なアプローチを模索しており、この点については、博物館の重要な事業として位置付けるとともに、今後の博物館の活動と経営に組み込むべきである。」

利用する人々が主体的に利用形態を選択するとすれば、博物館はすべての人々の期待に応えるべく、利用形態に応じてさまざまな手段を提供するよう努めていくことになるだろう。むしろ重要なのは、複数の選択肢に対し、それぞれの目的と有効性や重要性、得られるものの価値を丁寧に説明し、知らしめることなのではないだろうか。

（3）本当に誰もが利用できるか

選択肢が増えたと言ったが、その多様化した選択肢は、本当に誰もが使えているだろうか。バーチャルミュージアムもデジタルアーカイブも、利用者が自分に都合のよいものを選べばよい。「使えるか使えないか」は利用者に委ねられているとも記した。しかしそれで済むとも限らない。

利用者が情報リテラシーを身に付け、適切な端末機器（デバイス）を備え、それを使いこなす技術（スキル）を持っていたとしても、さらに「使えるか使えないか」、もしくは「使いやすいか使いにくいか」という問題が出てくる。そして「使えるか使えないか」は利用者側の事情と提供者側の要因の二種類あることに気づかされるのである。

ここではまずユーザビリティとアクセシビリティについて言及しよう。

ユーザビリティは一般的に「使いやすさ」を示す語であるが、これはデジタルアーカイブを一般・標準的な操作手順で取り扱えば目標とするデータを得ることができる「使いやすさ」の程度・度合いを言う。一方、アクセシビリティは「近づきやすさ」であるが、これは多様なデジタル機器やソフトから閲覧できることを目指す度合いであり、社会に流通している標準的なハードやソフトで利用できなければならないという考え方である。(26)つまりユーザビリティは「使える人」にとっての「使いやすさ」であるのに対し、アクセシビリティはあまねく皆が利用できるかどうかが問われているのである。

Ｗｅｂに不慣れであったり何らかの制約があって使いにくい人がいる。一方でＷｅｂだからこそアクセスできる（Ｗｅｂでないとアクセスできない）人もいる。そういった人々にとって、そのサイトは支障なく使えるものであろうか？

総務省による「みんなの公共サイト運用ガイドライン（二〇一六年版）」は、国及び地方公共団体等の公的機関のホームページ等が高齢者や障がい者を含む誰もが利用しやすいものとなるように、公的機関がウェブアクセシビリティの確保・維持・向上に取り組む際の支援を目的として作成された手順書である。(27)ここに「ウェブアクセシビリティとは、高齢者や障害者を含めて、誰もがホームページ等で提供される情報や機能を支障なく利用できることを意味する」と記されている。

ウェブアクセシビリティの向上をはかることは、ＷｅｂのユニバーサルデザインIに取り組むことである。インターネットは今や子どもから高齢者まで幅広い年齢の人が利用し、障がいのある人にとっても広く外部とつながる手段である。ユニバーサルデザインは誰にとってもＷｅｂサイトを利用しやすくする工夫であり、ウェブアクセシビリティが高いサイトでは、見やすく、何が書かれているかがすぐわかり、情報の入手がしやすい。例えば、文字のサイズやフォント、配色の工夫、ふりがな表示、音声読み上げ、多言語設定、ページ移動の操作性、音声ガイド、字幕など、利用者の操作をサポートする機能が求められている。

すでに博物館の現場において、バリアフリーとユニバーサルデザインはさまざまな形で導入されつつあるが、博物館のWebサイトによる情報発信、バーチャルミュージアムやデジタルアーカイブの提供など、博物館活動のデジタル化においても、ユーザビリティとアクセシビリティを備えたユニバーサルデザインの最適化を実現していかなければならない。

それ以前の現実問題として、そもそも入館予約のチケットをインターネットで購入できなければ、入館する機会が失われるという事実を忘れてはならない。スマートフォンでアクセスし即座に購入ボタンを押せる人がいる半面、それに戸惑い苦手意識を持って入手自体を諦める人もいるだろう。実はその代替案があるとしても、そこにたどり着けない人もいるはずだ。また、予約制ということは先着順でもあるわけで、チケットもそれで購入できなければ入館の機会が得られない、ある意味で選別されている、もしくは拒絶されているとも言えよう。

本当にバーチャルミュージアムやデジタルアーカイブを「誰もが」利用できるのか？　まず、存在を知らなければ、アクセスできない。次に機会（チャンス）がなければ、もしくは機器（ツール）がなければ、アクセスできない。さらにその機器が提供されているシステムに対応するものでなければ、またはその機器を人が使いこなすことができなければ、アクセスできない。

Society 5.0は「人間が住みやすい社会」を目指すという。そのコンセプトは「人間中心」である。それならば、人間が主役であるはずだ。私たちは誰もが利用できる博物館の在り方を常に問い続けていかなければならない。

おわりに

二〇一九（令和元）年九月のICOM京都大会では、「Museums as Cultural Hubs: The Future of Tradition（文化をつなぐミュージアム ―伝統を未来へ―）」をテーマに、一二〇の国から約四六〇〇人が参加してさまざまな討議が行われた。この「Cultural Hub」について、ここではまず二〇一九年一一月文化審議会第一期博物館部会（第一回）に

提出された資料から理解してみよう。(28)

「「Cultural Hub」には、博物館が時間を超えて、世紀を超えて、そして政治的な時代や世代を超えて交流するための中心軸の役割を果たす意味が込められている。この長期的な概念上の枠組みは、博物館定義や持続可能性、博物館と地域開発との 関係等について議論を行うことによってICOM大会を意義あるものにした。「Cultural Hub」はまた、国家的、地理的な境界を超越できる博物館の能力を含むのである。概念的には、このテーマは、博物館がどのように互いに異なる分野を横断的に連携する役割を果たし得るかを示唆している。博物館は、我々が人文科学と自然科学の相互補完的な関係であることを気づかせてくれる。その意味において、アジアで三回目に開催されたICOM京都大会において、災害対策やアーカイブのような学際的なテーマを含んだ議論ができたことは、非常に重要なことであった。時間を超えて、国を越えて、そして学問分野を超えて新たな時代のニーズに応えるため、我々はICOMが「Museums as Cultural Hub」の概念的枠組みへの適合を通じて、柔軟かつ融合的な論議を行うことを提案する。」

時間や空間を超えた文化の結節点としての博物館の姿が思い浮かび、ここにふたたび「博物館の社会的役割」が問われていることが読み取れる。

またICOM京都大会を振り返るなかで述べられた「人類共通の宝である文化資源を守り、次世代に引き継ぐとともに、現代に生きる人々のために活用する」、「異なる文化と文化の結節点、そして同じ文化の遺産を一つの世代からもう一つの世代へつなぐ結節点としてのミュージアムの役割(29)」は、第五節で述べたデジタルアーカイブの理念や運用とも共通するものがある。従来の資料の収集・保管に加え、デジタルアーカイブの構築を通して、まさに博物館は

「Cultural Hub」となりうる。

さらにこれらを踏まえて、第六節で触れた二〇二二年一二月文化審議会答申「博物館法制度の今後の在り方について」の「概要」に記載された一節を紹介したい。(30)

今後必要とされる役割・機能

・「文化をつなぐミュージアム」(Museums as Cultural Hubs ※ＩＣＯＭ京都大会で提唱)としての地域のまちづくりや産業活性化、社会包摂、人口減少・過疎化・高齢化、地球温暖化やＳＤＧｓなど社会的・地域的課題と向き合うための場

・実物(もの)に触れる感動など、文化芸術や自然科学の気付きや発見の共有の場

・デジタル技術等を活用した新しい鑑賞・体験モデルの構築

↓

これからの博物館に求められる役割・機能(五つの方向性)

「守り、受け継ぐ」資料の収集・保管・蓄積と文化の継承

「わかち合う」資料の展示、情報の発信と文化の共有

「育む」多世代への学びの提供

「つなぐ、向き合う」社会や地域の課題(まちづくり・観光・福祉等)への対応

「営む」専門人材の確保、持続可能な活動と経営の改善向上

この答申はその後の博物館法改正を見据え、しかも新型コロナウイルス感染症の流行という想定外の社会情勢のなかで明文化されたものであり、タイムリーに「今後」「これからの」「新しい」博物館という文言がならんでいる。

一体何が新しいのだろうか。

第一節の博物館の定義で見た三つの機能は、実は博物館法制定時から変わらない基本的な事項であり、これは国際的にも共有され、今後も維持されていくものである。それを維持することを大前提として、さらに社会情勢の変化や問題提起に即して対応するべき課題が加えられていく。sustainability（持続可能性）、diversity（多様性）、inclusion（包摂性）といった世界共通のテーマや、我が国固有の事情や動向を鑑みながら、「新しい」何ができるか、それにより得られるものと失われるものは何か、それを享受できる人とできない人がいるのではないか、といった視点で、博物館に期待される社会的役割を果たしていくことが求められているのである。

本章ではコロナ禍前後の社会的情勢の変化とそれに組み込まれる博物館の動向をひととおり描いた。途中に言及したSociety 5.0や、文化審議会答申と博物館法改正などは、実はより広いテーマや課題が内包されており、本来はそれも丁寧に読み取っていくべきではあるが、ここでは二〇一八年前後の大きな変革を理解し、その流れのなかで何がどう変わろうとしていたのかおおまかに把握し、文化をつないでいく媒体としての博物館の姿を整理した。

ちなみに直近のＩＣＯＭプラハ大会では、「The Power of Museums: Museums have the power to transform the world around us（博物館の力：私たちを取り巻く世界を変革する）」をメインテーマに掲げ、それに続く四つの項目のうちの一つで「Museums and New Technologies（博物館と新技術）」として、コロナ禍の休館を契機とした先端技術の利用の拡大、利用者のアクセス方法の多様化、コレクションの保護と保存や組織のコスト削減などについて言及している。(31)

博物館を取り巻く状況は変わっている。そして博物館も変わっていく。博物館は間違いなく新しい社会に組み込まれていく。

「はじめに」で「博物館は誰もが訪れることのできる場所」と書いた。その「訪れ方」が、博物館のデジタル化を通じて実に多様になった。コロナ禍もその大きな契機となった。「博物館利用者」の概念の広がりは、博物館から見れば「来館者と来館方法の多様化とそれに対する対応」であるが、来館者から見れば、それはすなわち「博物館の利用のしかたの選択肢が増え、自分の都合とスキルによって主体的にアクセスすることができる」ということである。同時にデジタル化の推進によって、「行く」と「行かない」、「行ける」と「行けない」という、来館者の分断や選別が生じたことも否めない。

また、人々の知的活動が新たな価値を産み出す背景には、データそのものの保存、そしてそのデータの根源である実物資料そのものの保存が不可欠である。

ものごとの価値は変わる、あるいは新たに付加されたり創出される。そこには不変の資料があってこそ、価値づけや価値の変化、価値の新たな創出が意味をもつのであり、博物館にとって「継承」とは将来的に新たな価値づけが行われる可能性を担保することでもある。また、科学や技術の進歩により、現時点では思いもよらない評価がなされたり、現在では解明されていない価値が明らかにされたりすることもあるだろう。博物館の資料保存とその継承は、ただ単に大切に守って保管することではなく、それを次世代に引き継ぎ、将来の科学技術に期待し、未来に託すものである。そしてそれは未来に対する博物館の責任であることを、あらためて述べて本章のまとめとしたい。

註

（1）ＩＣＯＭ日本委員会ＨＰ「第二六回ＩＣＯＭ大会がプラハにて開催されました」https://icomjapan.org/updates/2022/09/14/

p-3093/（二〇二二年一〇月一六日閲覧）。

(2)文部科学省ＨＰ「生涯学習社会の実現」https://www.mext.go.jp/b_menu/hakusho/html/hpab201901/detail/1421865.htm（二〇二二年一〇月一六日閲覧）。

(3)文化庁ＨＰ「文化芸術振興の意義」　https://www.bunka.go.jp/seisaku/bunka_gyosei/hoshin/kihon_hoshin_3ji/01-1.html（二〇二二年一〇月一六日閲覧）。

(4)文化庁ＨＰ「文化財保護法及び地方教育行政の組織及び運営に関する法律の一部を改正する法律等について」https://www.bunka.go.jp/seisaku/bunkazai/1402097.html（二〇二二年一〇月一六日閲覧）。

(5)文化庁ＨＰ「文化芸術基本法」https://www.bunka.go.jp/seisaku/bunka_gyosei/shokan_horei/kihon/geijutsu_shinko/index.html（二〇二二年一〇月一六日閲覧）。

(6)註5に同じ。

(7)観光庁ＨＰ「「明日の日本を支える観光ビジョン」を策定しました！」　https://www.mlit.go.jp/kankocho/topics01_000205.html（二〇二二年一〇月一六日閲覧）。

(8)日本博物館協会ＨＰ「新型コロナウイルスと博物館」https://www.j-muse.or.jp/02program/projects.php?cat=13#paragraph_475（二〇二二年一〇月一六日閲覧）。

(9)北海道博物館ＨＰ「おうちミュージアム」https://www.hm.pref.hokkaido.lg.jp/study/ouchi-museum/（二〇二二年一〇月一六日閲覧）。

(10)文化庁地域文化創生本部編集・発行『観光客は外国人！　文化財の多言語化ハンドブック』二〇一九年三月。

(11)文化庁地域文化創生本部編集・発行『ＩＴ活用　新しい文化体験で地域活性　先端技術による文化財活用ハンドブック』（本編版）、『ＩＴ活用　新しい文化体験で地域活性　先端技術による文化財活用ハンドブック』（ダイジェスト版）、二〇二〇年四月。

(12)文部科学省ＨＰ「令和三年版　科学技術・イノベーション白書　Society 5.0の実現に向けて」https://www.mext.go.jp/b_menu/hakusho/html/hpaa202101/detail/1421221_00021.html（二〇二二年一〇月一六日閲覧）。

(13)文部科学省ＨＰ「ＧＩＧＡスクール構想の実現へ」https://www.mext.go.jp/content/20200625-mxt_syoto01-000003278_1.pdf

（二〇二二年一〇月一六日閲覧）。

(14)国立国会図書館HP「電子情報の長期的な保存と利用」https://ndl.go.jp/jp/preservation/dlib/index.html（二〇二二年一〇月一六日閲覧）、東京大学経済学図書館・経済学部資料室HP「長期保存が不可能な記録材料のための保存プロジェクト」http://www.lib.e.u-tokyo.ac.jp/?page_id=315（二〇二二年一〇月一六日閲覧）。

(15)内閣府HP「Society 5.0」https://www8.cao.go.jp/cstp/society5_0/index.html（二〇二二年一〇月一六日閲覧）。

(16)日立東大ラボ編著『Society（ソサエティ）5.0　人間中心の超スマート社会』日本経済新聞出版社、二〇一八年、二七頁。

(17)岐阜女子大学デジタルアーカイブ研究所編『新版　デジタルアーキビスト入門―デジタルアーカイブの基礎』樹村房、二〇一九年、七頁。

(18)総務省「デジタルアーカイブの構築・連携のためのガイドライン」二〇一二年三月。

(19)註17前掲書、一〇頁。

(20)デジタルアーカイブの連携に関する関係省庁等連絡会・実務者協議会（事務局：内閣府知的財産戦略推進事務局）「デジタルアーカイブの構築・共有・活用ガイドライン」二〇一七年四月。

(21)デジタルアーカイブの連携に関する関係省庁等連絡会・実務者協議会（事務局：内閣府知的財産戦略推進事務局）「我が国におけるデジタルアーカイブ推進の方向性」二〇一七年四月。

(22)ジャパンサーチHP「ジャパンサーチの概要」https://jpsearch.go.jp/about#m4kouw162gazg（二〇二二年一〇月一六日閲覧）。

(23)デジタルアーカイブジャパン推進委員会・実務者検討委員会決定「ジャパンサーチ戦略方針二〇二一―二〇二五　「デジタルアーカイブを日常にする」」二〇二一年九月。

(24)東京国立博物館HP「デジタルコンテンツの利用について」https://www.tnm.jp/modules/r_free_page/index.php?id=1841（二〇二二年一〇月一六日閲覧）。

(25)文化審議会「博物館法制度の今後の在り方について（答申）」二〇二一年一二月。

(26)註17前掲書、二五頁。

(27)総務省「みんなの公共サイト　運用ガイドライン（二〇一六年版）」二〇一六年三月。

(28) 栗原祐司「第二五回国際博物館会議（ＩＣＯＭ）京都大会の成果と課題」五頁（文化庁ＨＰ「文化審議会第一期博物館部会（第一回）、資料五「栗原氏提出資料」」https://www.bunka.go.jp/seisaku/bunkashingikai/hakubutsukan/hakubutsukan01/01/ 二〇二二年一〇月一六日閲覧）。
(29) 栗原祐司「ＩＣＯＭ京都大会と今後の我が国の博物館」、吉田憲司「ＩＣＯＭ京都大会を振り返る ―成果と課題」（日本博物館協会『別冊　博物館研究』ＩＣＯＭ京都大会二〇一九特集、二〇二〇年）。
(30) 文化審議会「博物館法制度の今後の在り方について（答申）」（概要）二〇二一年一二月。
(31) ICOM Prague 2022　大会プログラム　https://icomprague2022.gcon.me/page/home（二〇二二年一〇月一六日閲覧）。

参考文献

徳田克己監修『ユニバーサルデザインとバリアフリーの図鑑』ポプラ社、二〇一三年。

日立東大ラボ編著『Society（ソサエティ）5.0　人間中心の超スマート社会』日本経済新聞出版社、二〇一八年。

岐阜女子大学デジタルアーカイブ研究所編『新版　デジタルアーキビスト入門 ―デジタルアーカイブの基礎』樹村房、二〇一九年。

井上透「博物館の価値をどう保管し、活用するか」（小川義和・五月女賢司編著『発信する博物館　持続可能な社会に向けて』ジダイ社、二〇二一年）。

栗原祐司『基礎から学ぶ博物館法規』同成社、二〇二二年。

可児光生・草刈清人・坂本昇・高田浩二『47都道府県・博物館百科』丸善出版、二〇二二年。

〔追　記〕本章成稿後、二〇二二年一二月一二日にデジタル庁が『ウェブアクセシビリティ導入ガイドブック』を発行した。「ウェブアクセシビリティに初めて取り組む行政官の方や事業者向けに、ウェブアクセシビリティの考え方、取り組み方のポイントを解説する、ゼロから学ぶ初心者向けのガイドブック」とのことである。また同年一二月一九日には文化庁が「博物館総合サイト」（https://museum.bunka.go.jp/）を開設した。博物館法改正の概要や博物館について説明されているほか、全国の博物館がリンク付きで紹介されている。あわせて参照されたい。

結びにかえて

巽　昌子

新型コロナウイルス感染症のパンデミックという危機は、国家・地域、人種、宗教などそれぞれの文化に裏付けられた価値観を揺さぶり、社会構造の矛盾を鮮明化した。そして生命と社会経済活動の天秤はいかにして「均衡」を保ったと呼び得るのか、死生観・価値観の異なる国家・地域間での往来はどのようになされるべきか、といった根源的な問いを世界中の人びとに突き付けた。そうした答えのない問いに対峙し前進するには、多様な意見を聞き、考え、発信する、という行為を地道に繰り返すよりほかに方法はないであろう。

人文科学は、しばしば実益に結び付かない学問と位置付けられる。しかしながら、時代の大きな変革期に生じる先述のような問いに対し、過去の出来事や遺物、思想や言語などから得られる事実や教訓を基に考え、答えを求め続けることこそが人文科学の本質である。混迷を極める今日こそ、現在進行中の社会的事象を客観的に見据え、これからの社会の在り方を追究する、温故知新の姿勢が不可欠になるのではないだろうか。

次に、本書のサブタイトルにもなっている「デジタル化」について、今一度考えなおしておかなければならないであろう。デジタル化は以前より徐々に進展していたが、コロナ禍を機に急速に普及することになった。本書では「デジタル化」ということばを繰り返し使用してきたが、そもそも何を以て「デジタル化」と呼ぶのか。急遽立ち現れたデジタルへの移行という気運を前に、事の本質を置き去りにしてデジタル化ということばを用いてはいないか。そうした疑問から、改めてデジタル化の方向性を整理しなおすと、

①デジタルの媒体を用いてアナログのものを作成する〔[例]紙の書類の作成時に、手書きではなくパソコンで入力する〕、②アナログのものをデジタルに置き換える〔[例]紙の書類をスキャンして電子データ化する〕、③システム自体にIT技術を導入し、デジタルで処理する〔[例]手続き等の必要事項をデータで入力・管理し、紙の書類は作成しない〕など、様々な在り方が考えられる。したがって、私たちは日常生活で「デジタル化」ということばを何気なく使用しているが、その手段や方向性は多岐に亙るといえるだろう。ここで重要なことは、「なぜデジタル化する必要があるのか」、さらには「デジタル化を通して改善を図るものは何か」などの理由や目的であり、デジタル化そのものが目的ではないということである。

こうした背景を踏まえつつ、本書では日本中世史、ロシア近世史、博物館学の研究者が各専門分野の問題意識に基づき、コロナ禍における文化の「継承」について、デジタル化の観点から検討を加えた。以下、各論考によって明らかになった事柄、ならびに今後の課題を示して結びにかえたい。

はじめに、第一章担当の巽昌子、補論担当の大薮海氏は日本中世史を専門としており、文化の「継承」に関わる歴史的事象を、現代社会に投影して考えることを試みた。第一章ではハンコと花押の歴史を通して、それらが時代に合わせて媒体や手段を柔軟に変化させながら、文書の社会的信用を可視化するという本質は揺らぐことなく「継承」されてきたことが明らかになった。そして今日のデジタル化によっても、媒体などに変化が生じこそすれ、文書に信用を付すという行為の必要性については「継承」されるであろうと推察した。また補論では、コロナ禍を受けて中断もしくはオンラインに切り換えられた大学の卒業式・入学式が、その後再び対面での実施へと戻っていく様子を、室町時代に元日節会の再開に努めた過程と重ね合わせた。中断された儀式を再開させようとする動きは、災禍が生じる以

前を「在るべき姿」と捉えてその状況を再び目指す、揺り戻しといえるものだが、そうした反動が文化の「継承」につながる大きな力となっていることが詳らかとなった。ハンコや花押のように、本質を維持しつつも方法やかたちを変えて「継承」されてきたものがある一方で、行事や儀式など、元の状態を希求する人びとの努力によって「継承」されてきたものも存在する。歴史学による過去との比較・考察によって、文化の「継承」のために模索し続ける人びとの姿が明らかになった。

またこれらの論考からは、現代社会の諸問題を歴史的に考察することが、前近代、すなわち明治維新以前の事象からも可能であることが窺える。令和四年（二〇二二）度、近現代史の学習を通して現代社会の諸問題を捉える力の養成を目標に、高等学校で「歴史総合」が導入された。この方針は意義深いものと考えるが、世界中で近現代以降に生じた様々な衝突や諸問題の根底には、前近代に築かれた文化的背景が存在することも決して見落としてはならないであろう。今後、現代社会につながる文化的背景を学び、課題解決の糸口を探究することの重要性も、一層増していくものと推察されるのである。

続いて安田次郎氏のコラムでは、日本中世史の研究者の視点から、研究生活にデジタル化が浸透していった過程が述懐されている。当初は限られた人びとしか使用できなかったパソコンや電子メールが、今日では当たり前に用いられるようになったことは、現代社会がデジタル化の過渡期であることを示している。手書きからワープロ・パソコンへと、研究成果を記録する道具がデジタル化したことに始まり、インターネットによる成果の発信へと、研究活動に関係するデジタル化の幅は広がり続けている。加えて、昨今では史資料自体のデジタル化も進んでいる。なお、資料が調査や研究の材料となる情報の総称であるのに対し、史料とは、歴史学の研究の材料となる文献や遺物を示すものであり、両者を併せて史資料と呼ぶ。そして史資料のデジタル化とは、それらの写真をデジタルデータ化して保存・公開することや、それらの写真、図書・文書の管理情報などをインターネットにて公開することが中心となるものである。こうした動きによって、史資料収集の方法は大きく変化し、迅速に大量の情報を入手することが可能となった。

その一方で、前近代の史料の保存ではデジタル写真での記録のほか、今日でも肉筆で模写する技術者が存在する。史料には料紙の具合や筆致など、人の手によってしか再現できない情報も多く含まれており、それらはアナログの手段によって保存され、研究に活かされているのである。また、日本の史料には漢字の旧字体や、現在ではほとんど使われなくなった文字が頻出する。これら日本産業規格（ＪＩＳ規格）外の文字をデータベースに反映することの煩雑さは、日本における史資料のデジタル化を阻害する要素のひとつとされているものの、これらの文字を現在の常用漢字に変換してしまうと意味が異なってしまう場合もある。そのためやはり元の字体を保持する必要性が高く、様々な字体への対応が困難という点は、デジタル化の限界といえるだろう。そうしたことから日本史の研究では、手始めにデータベースで史料を検索し、その概要を捉えた上で、最終的には刊本、さらには史料そのものや写真帳にあたり、異体字など、データベースのみからは正確に知り得ない事柄を確認する必要性が生じることも珍しくない。つまり今日の日本史の研究は、デジタルとアナログのそれぞれの特性を理解した上で、双方を駆使して行われているのであり、決してアナログの意義が失われたわけではないのである。

そして何より、デジタル化の進展によって文書の作成方法や史資料収集の方法などに変化がみられても、それらを用いて「考える」という根本的行為は変わらない。デジタルとアナログが併存する中で、それぞれの利点・難点を理解しながら、人の力で考えるという本質を保つことこそが、これからの研究に求められることではないだろうか。

こうした日本史研究におけるデジタル化に対し、ロシア史が専門の鈴木佑梨氏は、第二章にてロシアの図書館・文書館における史資料へのアクセスとデジタル化との関係性を捉えた。欧米では、史資料のデジタル化が日本以上に進展しており、それらがコロナ禍のロックダウンの際にどのように機能したのか、またそこから浮上した課題について、実体験を基に検討を加えた。そこから浮かび上がるのは、デジタル化によって図書館・文書館に直接赴くことが叶わずとも、情報にアクセスし、オンライン上での史資料閲覧も可能になるなどの利便性と、その反面で、検索にあたりそれぞれのデータベースの特徴を把握していなければ、知りたい情報にたどり着くことができないといった問題点である。それとともに、史資料の実物や対面を通じてしか得られない情報が存在することも、再認識することになった。加えて鈴木氏はコラムにて、ウクライナ侵攻下でのロシアの図書館・文書館の状況についても、自身の経験から考察した。新型コロナウイルス感染症のパンデミックという、ある種の自然災害下でのデジタル化は、様々な課題を有しながらも、人びとの実体験を補う役割を果たしていた。そして人為的災禍であるウクライナ侵攻下でも、デジタル化は渡航できない人びとが情報を入手する手段として、コロナ禍のとき以上に重要な役割を果たしている。だがその一方で、各国の政治的・経済的姿勢による制約を受けやすいという、新たな課題に直面することにもなったのである。

そもそも図書館・文書館は知識や情報を公開し、「継承」する機関といえる。そうした公共性を備える場所が提供する情報は、利用者側のネットワーク環境や技術、国籍などによって入手できる範囲に差が生じてはならないものであろう。コロナ禍によるロックダウンとウクライナ侵攻は、そうした問題を一層顕在化させたといえる。さらには、戦争という破壊行為によって史資料そのものや、ましてそれらを扱う専門家が失われることは決してあってはならない。危機的状況におけるデジタル化の役割を考えるとき、史資料の原本や専門家の存在の重要性が際立ってみえてくるのである。

史資料の「継承」とデジタル化に関して、鈴木氏による第二章とコラムが利用者の立場から扱ったのに対し、それらを保管し利用に供する側の視点から捉えたものが、博物館学が専門の奥田環氏による第三章である。コロナ禍で博物館が閉鎖される中、資料の展示と公開の新たな方法である、バーチャルミュージアムやデジタルアーカイブに注目が集まった。第三章では、その有用性と弊害とを整理することによって、デジタル社会における文化財の「保存」について論じた。その過程において、デジタル化に伴う利用者のアクセシビリティ、すなわち利用のしやすさに関する課題が浮き彫りになった。デジタル化によって、展示物を目にする契機や方法の選択肢が増える一方で、その手段を持たない人びとへの門戸が閉ざされる事例が生じつつあるというのである。デジタル社会における「新しい」博物館の在り方を模索する際には、そうした問題を打破し、誰もが利用できる、利用しやすい博物館を目指すことが不可欠といえるだろう。

ここで、博物館と文化の「継承」の関係を考えたい。博物館は「資料の保存」を第一義的な使命とする。したがって、文化財を現状のまま保存し、次世代へ「継承」する機関といえるだろう。コロナ禍によって展示におけるデジタル化の導入が促進されたように、時代に応じて展示の方法は変化するものの、資料の現物の状態を変えずに保管する、という本質は変わることがない。また、デジタル技術を用いた鑑賞が広まってもなお、資料の実物を見ることの意義、そこからしか得られない感動は変わらず存在するのであり、実物の価値が失われることはないといえるだろう。こうした点は、第一章で取り上げたハンコ文化にみられる、文書に加えるものや手段は社会の在り方に応じて柔軟に変化しながらも、文書の社会的信用を可視化する、という本質は変わることなく「継承」された点と共通するのではないだろうか。博物館の意義やハンコ文化の在り方は、「継承」における、「変わるもの」と「変わらないもの」とに着目することによって、それぞれの文化の本質が明確になることを示しているのである。

ここまでみてきたように本書では、コロナ禍を契機として注目された事象を基に、「継承」の在り方を学際的に考察した。まず、ハンコと花押の歴史を通してデジタル化の「影響」を探った。次に過去と現在における儀式・行事の事例を比較し、人びとが文化を「継承」しようと努める姿を捉えた。続いて日本史研究にデジタル化が取り入れられてきた過程を振り返り、その後、ロシア史研究を行う上でのデジタル化について、コロナ禍とウクライナ侵攻という、性質の異なる危機の下での「現状」を述べた。最後に博物館におけるデジタル化の「進展」を通して、その利点と課題に関して検討を加えた。

これらの論考を通して詳らかになったことは、文化が「継承」される背景には、時代に即した利便性や合理性と、社会的通念、平等性の担保といった、実に様々な要因が複雑に絡み合っているということである。かたちを変えずに伝えようとする力と、時代・社会の流れを受けて変化を遂げながら、もしくは遂げることによって伝えようとする力、その両者のせめぎ合いの下で、本質を保ちつつ「継承」はなされていくのである。そして今日のコロナ禍において、その変化の有無に大きく関わる要素が「デジタル化」であり、文化の「継承」の在り方を捉える上で看過できないものとなっている。けれども、改めて「デジタル化」について熟考してみると、その利便性の一方で、その恩恵から取り残されてしまう人びとが生じる虞を多分に孕むものであることが鮮明化し、アナログの利点や必要性を再認識することにもなった。デジタル化が、有益で利便性の高いものであることは言うまでもない。しかしながら、デジタル化一辺倒で進むのではなく、「なぜデジタル化するのか」という目的を見つめなおし、デジタルとアナログ双方の利点を活かしながら、よりよい方向性を求めることが重要になるのではないだろうか。文化の「継承」においても、こうしたデジタル化の功罪両面を捉えなおす必要があるということが、本書全体を通して提示された課題といえるだろう。

コロナ禍における文化の「継承」について考えるとき、そこには必然的にデジタル化の役割と課題が顕在化する。そうした時代に生きる私たちは、利便性や受容性、社会的通念などの狭間で行く先を見定めるために、常に問いを抱き、考え続けなければならないのであろう。

デジタル化?デジタルか?

——と。

〔付　記〕本書は、東京都立大学 傾斜的研究費（全学分）学長裁量枠 社会連携支援（B型）の支援を受けて刊行するものである。

執筆者紹介（掲載順）

巽　昌子（たつみ　まさこ）
（奥付に別掲）

大薮　海（おおやぶ　うみ）
専攻　日本中世史　　博士（史学）
お茶の水女子大学　基幹研究院人文科学系　准教授
〈主要著書〉
『室町幕府と地域権力』吉川弘文館、二〇一三年
『応仁・文明の乱と明応の政変』吉川弘文館、二〇二一年

安田　次郎（やすだ　つぐお）
専攻　日本中世史　　博士（文学）
お茶の水女子大学名誉教授
〈主要著書〉
『中世の興福寺と大和』山川出版社、二〇〇一年
『尋尊』吉川弘文館、二〇二一年

鈴木　佑梨（すずき　ゆり）
専攻　ロシア近世史　　修士（人文科学）
ロシア国立人文大学歴史史料研究所　共同研究生
〈主要論文〉
「一八世紀ロシアにおける宮廷クーデター研究の現状―一七三〇年政変を題材に―」（『お茶の水史学』第五七号、二〇一四年）
Тенденции изучения истории России в Новое время в Японии//Будущее нашего прошлого-5: История как коммуникативный

проект: Материалы международной научной конференции.14 ноября 2019 г. М: РГГУ, 2019.
「北方戦争前期におけるロシアとデンマークの外交関係」（『日本18世紀ロシア研究会年報』第一七号、二〇二〇年）

奥田　環（おくだ　たまき）
専攻　博物館学　修士（文学）
お茶の水女子大学歴史資料館　研究協力員
埼玉学園大学・和洋女子大学・目白大学・日本獣医生命科学大学　非常勤講師
〈主要著書・論文〉
「バリアフリー、ユニバーサルデザインの考え方と実際」（中村浩・青木豊編著『観光資源としての博物館』芙蓉書房出版、二〇一六年）
「大学史におけるモノ資料の価値付けに関する一考察」（『お茶の水女子大学人文科学研究』第一二巻、二〇一六年）

■編著者略歴
巽　昌子（たつみ　まさこ）
専攻　日本中世史　　博士（人文科学）
お茶の水女子大学大学院 人間文化創成科学研究科 博士後期課程 修了
日本学術振興会 特別研究員（DC2）、同（PD）、東京大学 特任研究員等を経て
現在、東京都立大学大学院 人文科学研究科 助教
第5回日本学術振興会育志賞 受賞

〈主要論文〉
「相続の観点からみる「処分状」―その発生と原理的役割―」
（『史学雑誌』第120編第12号、2011年）
「九条家の相続にみる「処分状」の変遷と衰退」
（『史学雑誌』第122編第8号、2013年）
「付法状の役割と作成意義―醍醐寺僧憲深の処分を中心に―」
（『日本史研究』671号、2018年）
「醍醐寺における院家の役割―報恩院の相続を基に―」
（『東京大学史料編纂所研究紀要』第28号、2018年）

2023年3月10日　初版発行　《検印省略》

コロナ禍《か》で考《かんが》えた「継承《けいしょう》」
――デジタル化《か》？デジタルか？――

編著者　巽　昌子
発行者　宮田哲男
発行所　株式会社 雄山閣
〒102-0071　東京都千代田区富士見2-6-9
TEL　03-3262-3231／FAX　03-3262-6938
URL　https://www.yuzankaku.co.jp
e-mail　info@yuzankaku.co.jp
振　替：00130-5-1685
印刷・製本　株式会社ティーケー出版印刷

ISBN978-4-639-02889-5 C3021
N.D.C.210　226p　21cm